KB160792

조선후기 유서(類書)와 지식의 계보학

조선후기 유서(類書)와 지식의 계보학

경기문화재단 실학박물관 편

景仁文化社

| 발간사 |

    실학박물관은 실학에 관한 자료를 수집·연구하여 전시하고 있습니다. 이를 통해 실학정신을 오늘에 되살리고 그 가치를 공유하고자 합니다. 아울러 매년 관련 학회와 함께 실학에 관한 학술대회를 열고 있습니다. 이는 실학 연구를 진작시키고, 그 성과를 실학박물관의 전시와 교육에 활용하기 위한 것입니다. 또한 이렇게 이뤄진 연구 성과를 단행본 서적으로 엮어 '실학연구총서' 시리즈로 계속 발간하고 있습니다. 학계 연구자와 여러 분야의 관심 있는 분에게 도움이 되길 기대합니다.

    실학자들은 세계적으로 확대된 지식을 편집하고 활용할 수 있도록 노력하였습니다. 그 노력과 성과를 여실히 보여주는 것이 바로 조선후기 '유서(類書)'였습니다. 이는 오늘날의 백과사전과 비견할 수 있습니다.

    그리하여 지난해인 2018년 7월에는 '한국사상사학회'와 함께 실학박물관에서 '조선후기 유서(類書)와 지식의 계보학'을 주제로 학술대회를 개최하였습니다. 실학박물관에서 소장하고 있는, 이수광의 '지봉유설(芝峯類說)', 김육의 '유원총보(類苑叢寶)', 이익의 '성호사설(星湖僿說)', 조재삼의 '송남잡지(松南雜識)' 등 대표적 실학자들의 4개 유서를 다루었습니다.

    이 책은 이때 발표된 논문 5편을 손질하여 엮은 것입니다. 심경호 교수(고려대)의 '조선후기 유서·유설과 지식체계 재정립'은 총론격의 논문입니다. 그리고 최주희 박사(한국국학진흥원)는 '지봉유설'이 조선후기의 여러 저술에서 인용된 양상과 그 특징을, 주기평(서울대) 박사는 '유원총보'에 나타난 조선의 중국 유서 수용 양상을, 원재린 박사(연세대)는 '성호사설'에 드러난 이익의 당쟁사(黨爭史)에 대한 인식을, 강민구 교수(경북대)는 '송남잡지'를 통해 본 조선후기 사찬(私撰) 유서의 심미성과 의식성을 각각 살펴보았습니다.

    좋은 논문을 집필해주신 필자 여러분을 비롯하여, 학술대회 토론자로 참석해주신 연구자 등 책이 발간되기까지 수고해주신 여러분께 감사합니다.

2019년 10월

경기문화재단 실학박물관장

김태희

|목 차|

제1장
조선후기 유서·유설과 지식체계 재정립*

심 경 호**

---

* 이 글은 (재)경기문화재단 실학박물관의 지원을 받아 2018년 7월 6일 개최한 한국사상사
학회 여름 학술대회(제 193차 발표회) "조선후기 유서(類書)와 지식의 계보학"에서 발표
한 글을 수정·보완하여 『한국사상사학』 59(한국사상사학회, 2018.8.30.), pp.101~131에
「조선시대 지식정보 휘집 편찬물의 연구를 위한 초보적 탐색」이란 제목으로 게재한 후,
다시 지금 제목으로 재정리했다. 일부 사례를 보완하고 잘못된 내용을 바로잡았으나, 주
제와 구성, 대부분의 서술은 『한국사상사학』 59에 게재한 그대로이다.

** 고려대학교 문과대학 한문학과 교수

1. 머리말

학문 및 사유의 역사를 보면 어떤 새로운 존재론적 재분절화(ontological re-articulation)가 도래하면, 그 재분절화를 토대로 새로운 형태의 지식이 등장한다. 이 사실은 현대 서양의 자연과학, 근현대 서양의 인간과학, 그리고 근대 동양의 학문 일반이라는 이질적인 세 영역에서 공통으로 확인할 수 있다.[1]

사물을 파악하는 방식과 관련하여 하나의 분류 체계가 성립하려면, 거기에는 명시적이든 암묵적이든 반드시 일관성·정합성이 있기 마련이다. 그런데 분류는 관습과 관련을 맺어서, 질서와 안정을 요하는 분야일수록 분류 체계의 지속을 지향하고, 그 반대의 성격을 띠는 분야일수록 분류 체계를 뒤흔들려고 한다. 조선후기는 바로 사물의 인식 방식에서 기존의 중국적·문헌적 범위의 물명을 그대로 계승할 것인지, 보다 확장할 것인지 하는 문제, 기존의 중국적·문헌적 분류 방식을 그대로 이용할 것인지, 새로운 분류 방식을 도입할 것인지 하는 문제가 제기된 시기이다.

조선후기에는 어휘개념, 문헌지식, 경험사실들을 집적하면서 일정한 기준에 따라 분류하여 정리한 편찬물이 다량으로 출현했다. 이것은 바로 이 시기에 새로운 존재론적 재분절화를 토대로 새로운 형태의 지식이 등장하게 되었음을 말해준다.

---

1) 심경호·이정우·이상욱, 2014, 「분류의 다양성과 원리: 지식의 탄생을 중심으로」, 『과학철학』 제17권 제3호, 한국과학철학회 ; 심경호·이정우·이상욱, 2016, 「분류의 다양성과 원리: 지식의 탄생을 중심으로」, 『(고등과학원 초학제연구총서4) 동서의 학문과 창조』, 심경호 외 16명, 이학사, 309~355쪽.

19세기 초에는 적어도 어휘개념의 정리와 관련하여 그 가치를 평가하려는 의식이 일어났다. 처음에는 그것을 이학(理學)의 보익(輔翼)으로서 긍정했고, 후에는 명물도수지학(名物度數之學)의 산물로 재평가하기에 이르렀다. 즉, 이기경(李基慶, 1756~1819)은 이철환(李嘉煥)·이재위(李載威)의 「물보(物譜)」에 대해 「발(跋)」을 작성하여, 물명의 연구가 이학에 보익되는 바가 있다고 평가했다.[2] 또 김윤추(金允秋, 자 庭堅)는 이만영(李晩永)[3]의 『재물보(才物譜)』에 서문을 써서, 이만영의 물보 편찬이 상사생들의 고루함을 고치기 위해 이루어졌으며, 어휘유취(語彙類聚)의 명물도수지학이 격치(格致)에 보탬이 된다고 평했다.[4] 정약용(丁若鏞)도 「발죽란물명고(跋竹欄物名攷)」에서, 사물을 탐구할 때 본명과 대비하여 향명(鄉名)을 익혀야 한다고 주장했다.[5] 나아가, 이규경(李圭景)은 『오주연문장전산

---

2) 李基慶, 「物譜跋」, 『物譜』, "物之名也, 無所關於明理之學, 而不知名無以知其理, 知其理然後可以反乎"

3) 이만영(李晩永, 1748~?)은 본관은 韓山, 자는 成之로, 戊辰年인 1748년(영조 24) 출생했다. 『司馬榜目』의 기록에, 48세 때인 1795년(정조 19) 乙卯 式年試에 生員 二等 11위로 합격했고, 조부는 淸州鎭管兵馬僉節制使를 지낸 이병정(李秉鼎, ?~?)이며, 아버지는 成均生員인 이흥중(李興重, 1713~?)으로 거주지는 廣州라고 했다. 또 『日省錄』에 따르면 이만영은 1807년(순조 7) 孝陵參奉이 되고, 이어서 禁府都事가 되었으며, 1812년(순조 12)부터 71세인 1816년(순조 16)까지 玉果縣監을 지낸 것으로 나온다. 신상현, 「버클리대학 재물보 해제」, 고려대학교 해외한국학자료센터 제공.

4) 金允秋, 「才物譜序」, "吳友李成之, 才高學博, 老猶不懈, 病世之學士, 以名物度數爲不急, 而卒然有所值, 癯恨於孤陋若有之. …… 苟有能類聚彙分, 宗主乎斯文範圍, 而羽翼乎格物致知之學, 則是亦聖人之徒, 而通士勉焉."

5) 丁若鏞, 「跋竹欄物名攷」, 『與猶堂全書』 권14 跋, "中國言與文爲一, 呼一物便是文, 書一物便是言, 故名實無舛, 雅俗無別. 東國則不然. …… 東國學其三猶不足也. 余爲輯物名, 主之以本名, 釋之以方言, 類分彙輯, 共三十葉."

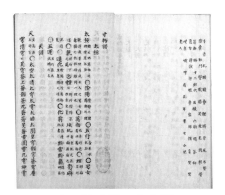

미국 버클리대학 소장 이만영
『재물보』 필사본 4책, 인기: '禹昌圭章'.

고(五洲衍文長箋散稿)』에서 명나라 말 서광계(徐光啓)·왕징(王徵)이 이 창시한 명물도수지학이 조선에 흘러 들어와 조선에서도 명물도수학이 일어나게 되었다고 언급했다.[6]

어휘 유취 등의 명물도수지학은 처음에는 '이학의 보익'이라는 소극적 의의가 인정되다가, 점차 독립적 분야로 확립되었다. 이때 중국의 영향도 있었다. 하지만 정인보가 지적했듯이, 『재물보』 등은 조선 지성사에서 '사실과 근원을 고찰하여 민생일용에 도움이 되게 하는 학문'이 요청됨에 따라 출현한 것으로 적극 평가할 필요가 있다.[7]

『재물보』란 삼재만물(三才萬物)을 통틀어 계통을 따라 열기(列記)했다는 말이니, 그 체계는 요즘 이른바 백과사전과 비슷하다 하겠다.

널리 중국 것을 끌어 모아, 우리의 옛일을 밝히려고 사실과 근원을 고증(考證)·해역(解釋)·주석(註釋)하기에 힘써서, 민생일용(民生日用)에 도움이 되고자 한 것이라, 대번에 숙종·영조 이후에 나온 것인 줄 알았으니, 그 이전에는 학풍이 이런 분야에 거의 미치지 못했던 것이다.

---

6) 李圭景, 「五洲衍文長箋散稿序」, 『五洲衍文長箋散稿』, 서울대奎章閣藏寫出本 據崔南善舊藏筆寫本, 東國文化社, 1958년 影印.

7) 鄭寅普, 「書才物譜後」, 『薝園文錄』 권4, 1939, 연세대학교 출판부, 담원 47세 저술.

정인보가 말한, '널리 중국 것을 끌어 모아, 우리의 옛일을 밝히려고 사실과 근원을 고증·해석·주석하기에 힘쓴' 학문이 곧 조선후기 명물도수지학의 정의가 될 것이다. 그 학문의 특징은 정인보가 지적하듯이 다음 세 가지 그 특징을 지닌다.

> ⓐ 삼재만물(三才萬物)을 통틀어 계통을 따라 열기(列記)하여 백과사전과 비슷한 체계를 이루었다.
> ⓑ 중국 것을 끌어 모으는데 그치지 않고, 우리의 옛일을 밝히려고 사실과 근원을 고증(考證)·해석(解釋)·주석(註釋)했다.
> ⓒ 민생일용에 도움을 주려는 것을 궁극의 목적으로 삼았다.

본고는 조선후기에 어휘개념, 문헌지식, 경험사실의 다양한 집적 방식에 대해 개괄하고, 단순 초록(抄錄)에서 경험적 분류 체계의 고안으로 발전해 나간 양상, 문헌지식과 경험지식을 대조하고 종합하는 유설이 발달한 사실을 밝히고, 조선후기 물명어휘집, 유서, 유설, 비고의 구조적 한계에 대해서도 언급하여, 향후 이 방면 연구에서 주의할 사안을 환기하고자 한다.

2. 어휘개념, 지식정보, 경험사실의 다양한 집적 방식

문물제도의 개념과 정의를 싣고 관련 정보를 집적한 편찬물은 삼국시대부터 국정 운영에 긴요한 자료로서 활용되었다. 『삼국사기』에 따르면, 신라 신문왕(神文王)[김정명(金政明)]은 재위 6년(686) 당나라 측천무

문헌통고(국립중앙박물관 소장)

후에게 표(表)를 올려『길흉요례(吉凶要禮)』를 증정 받고『문관사림(文館
詞林)』가운데서 50권을 발췌하여 받았다.[8]『문관사림』은 당나라 고종(高
宗) 현경(顯慶) 3년(658) 허경종(許敬宗)이 조칙을 받들어, 한나라 때부터
당나라 초까지의 시문을 형식과 내용에 따라 분류하여 수록한 총집(總
集)이다. 송나라 초에 산일되어, 북송 철종이 연우(延祐) 6년(1091) 고려에
요구한 128종 서적 목록에 이『문관사림』이 들어 있다.[9]

---

8)『三國史記』권8, 新羅本紀8 神文王 6年, "六年, 春正月, 以伊湌大莊[一作將.]爲中侍. 置例作府
　卿二人. 二月, 置石山·馬山·孤山·沙平四縣. 以泗沘州爲郡, 熊川郡爲州. 發羅州爲郡, 武珍郡爲
　州. 遣使入唐, 奏請『禮記』幷文章. 則天令所司, 寫『吉凶要禮』, 幷於『文館詞林』, 採其詞涉規誡者,
　勒成五十卷, 賜之."

9) 일본의 9세기 말『日本國見在書目錄』에 저록되어 있고, 현재 일본 冷泉院 舊藏 30권이 高野
　山에 있다. 林述齋가 그 4권을 출판하여『佚存叢書』에 수록했다. 1969년 日本古典硏究會가 弘
　仁本을 영인했다. 黎庶昌의『古逸叢書』(光緖 8~10년 간행) 제15 제30~31책은『文館詞林』卷
　156~158, 347, 452, 453, 457, 459, 665~667, 670, 691, 699를 수록했다. 神田喜一郎, 1949,「解
　說」,『文館詞林卷第百六十八』, 日本宮內廳書陵部 ; 阿部隆一·尾崎康, 1969,「解題」,『文館詞林
　影弘仁本』, 古典硏究會 ; 羅國威 整理, 2001,『日藏弘仁本文館詞林校証』, 中華書局.

고려 의종 때는 문하시랑평장사 최윤의(崔允儀) 등 17명이 왕명에 따라 고금의 예(禮)을 수집하고 고증하여 『고금상정예문(古今詳定禮文)』 50권을 엮었다. 이규보(李奎報)의 「신인상정예문발미(新印詳定禮文跋尾)」는 1234년경 강화도에서 『고금상정예문』 28부를 찍은 사실을 밝혀두었다.

조선 중기 김휴(金烋)의 『해동문헌총록(海東文獻總錄)』에 의하면, 이 책은 역대 조종(祖宗)의 헌장(憲章)을 모으고, 한국의 고금 예의와 중국 당나라의 예의를 참작하여 왕실의 의례와 백관의 복장 등을 다루었다고 했다.

14세기 전반 고려의 문인들은 원나라 제과(制科)에 응시할 수 있었는데, 이때 과거 준비용으로 원나라에서 간행된 유서들이 그 응시자들 사이에서 크게 이용되었을 것이다. 이미 조선 초기에 정도전(鄭道傳)은 『경제문감(經濟文鑑)』(1395년 완결)을 편찬할 때 『문헌통고(文獻通考)』와 『산당고색(山堂考索)』을 상당히 참고했다.

또 이황(李滉)은 가례(家禮)를 논하면서 『신편사문유취한묵전서(新編事文類聚翰墨全書)』를 참조했다. 이것은 원나라 유응리(劉應李)가 축목(祝穆)의 『사문유취』를 모방하여 시문작성 전고집으로 엮은 것으로, 줄여서 『한묵전서』라고 한다. 이와는 별도로 축목의 『사문유취』를 보완하여 1604년 간행된 당부춘(唐富春) 정교보유중각(精校補遺重刻) 『신편고금사문류취(新編古今事文類聚)』도 조선후기에 유통되어, 순조 31년(1831) 계추에 영영(嶺營) 즉 대구에서 '신간(新刊)'되기까지 했다.

중국에서 문물제도의 개념과 정의를 신고 관련 정보를 집적한 편찬물들은 유서(類書), 통서(通書), 필기만록(筆記漫錄)의 체재를 지녔는데, 그 세 부류의 여러 서적들이 조선시대의 지식 정리에 적지 않은 영향을 끼

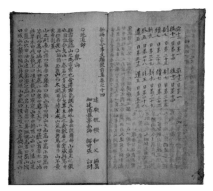

신편고금사문유취 사오(新編古今事文類聚 四五)
(국립민속박물관 소장)

쳤다.

'유서'의 체제는 당나라『예문유취(藝文類聚)』가 가장 표준적이다. 대개 우주 및 인간 삶에 관한 모든 사물을 포괄해서 각 세목 아래에 그에 관한 단편적인 문구를 집록[이것을 '재문(載文)'이라 한다]하고 그다음에 시문 1·2 내지 4·5구를 곁들였다. '유서'라고 통칭되는 전적들을 살펴보면 대개 사물장실검색유서(事物掌實檢索類書), 사물기원검색유서(事物起源檢索類書), 문장사조검색유서(文章辭藻檢索類書) 등의 부류로 나눌 수 있다.

'통서'는 역사·문물제도·문헌을 통람하고 각 사항에 관한 고증을 더한 정서(政書) 부류의 편찬물을 말한다. 중국의 경우 '구통(九通)' 혹은 '십통(十通)'을 손꼽는다. 즉, 당나라 두우(杜佑)의『통전(通典)』200권, 송나라 정초(鄭樵)의『통지(通志)』200권, 원나라 마단림(馬端臨)의『문헌통고(文獻通考)』348권, 청나라 혜황(嵇璜)·유용(劉墉) 등의『속통전(續通典)』150권, 혜황·유용 등의『속통지(續通志)』640권, 장정옥(張廷玉)의『속문헌통고(續文獻通考)』250권, 혜황·유용 등의『청통전(淸通典)』100권. 혜황·유용 등의『청통지(淸通志)』126권, 장정옥의『청문헌통고(淸文獻通考)』300권, 유금조(劉錦藻)의『청속문헌통고(淸續文獻通考)』(1935년간) 등을 10통이라고 한다.

한편, 조선후기의 지식정보 휘집 편찬물은 중국의 유서들과 통서들을 참고하는 것은 물론 명·청 시대에 나온 필기·잡록의 부류를 참고하기도 했다. 명·청의 대표적인 필기잡록류를 열거하면 다음과 같다.

① 농업 생산 부문 : 서광계(徐光啓)『농정전서(農政全書)』, 실명씨『심씨농서(沈氏農書)』

② 수공업과 상업 부문 : 송응성(宋應星)『천공개물(天工開物))』, 장한(張瀚)『송창몽어(松窓夢語)』

③ 사회경제와 풍속 부문 : 범렴(范濂)『운간거목초(雲間據目鈔)』, 전영(錢泳)『이원총화(履園叢話)』, 섭몽주(葉夢珠)『열세편(閱世編)』

④ 제도·문물·경제·민풍 부문 : 왕세정(王世貞)『엄주산인별집(弇州山人別集)』, 호응린(胡應麟)『소실산방필총(少室山房筆叢)』, 심덕부(沈德符)『만력야획편(萬曆野獲編)』, 사조제(謝肇淛)『오잡조(五雜俎)』, 주국정(朱國禎)『용동소품(湧幢小品)』

⑤ 농민 봉기 관련 : 모기령毛奇齡『후감록(後鑑錄)』, 이세웅(李世雄)『구변기(寇變記)』, 오위업(吳偉業)『수구기략(綏寇紀略)』, 서종치(徐從治)『평주기사(平秋紀事)』

⑥ 역사지리와 자연지리 부문 : 왕사성(王士性)『광지역(廣志繹)』, 고염무(顧炎武)『천하군국이병서(天下郡國利病書)』, 고조우(顧祖禹)『독사방여기요(讀史方輿紀要)』

⑦ 명·청의 역사 문헌과 인물 전기 : 하교원(何喬遠)『명산장(名山藏)』, 이락(李樂)『견문잡기(見聞雜記)』, 초횡(焦竑)『헌징록(獻徵錄)』, 왕세정(王世貞)『엄주산인사료전후집(弇州山人史料前後集)』, 이원도(李元度)『선정사략(先正事略)』

⑧ 인물 전기 : 황종희(黃宗羲)『명유학안明儒學案)』, 장지교(蔣之翹)『요산당외기(堯山堂外紀)』, 강번(江藩)『한학사승기(漢學師承記)』와 『송학연원기(宋學淵源記)』, 전림(錢林)『문헌징존록(文獻徵存錄)』

⑨ 학술 저작물 : 고염무『일지록(日知錄)』, 조익(趙翼)『해여종고(陔餘叢考)』, 전대흔(錢大昕)『십가재양신록(十駕齋養新錄)』

일지록(실학박물관 소장)

이 가운데 실제로 조선후기의 지식학에 크게 영향을 끼친 것으로는 서광계의『농정전서』, 송응성의『천공개물』, 왕세정의『엄주산인별집』, 사조제의『오잡조』, 고염무의『천하군국이병서』와『일지록』, 장지교의『요산당외기』등이다. 다른 서적들도 많이 참조되었을 듯하지만, 구체적인 사례는 아직 검토된 바 없다.

한국에서 정보나 시문을 총집하고 분류한 편찬물로서 현전하는 가장 오래된 것은 명종 9년(1554) 어숙권(魚叔權)이 엮은『고사촬요(攷事撮要)』와 선조 때 권문해(權文海)가 엮은『대동운부군옥(大東韻府群玉)』이다.[10]

『고사촬요』는 조선팔도의 노정과 사대교린(事大交鄰)의 사항을 중심으로 하면서 기타 여러 가지 시사상식을 정리했다. 문물제도의 고실(考

---

10) 심경호, 2012,『한국한문기초학사』(증보) 1-3, 태학사 ; 심경호, 2014,「조선후기 물명고와 유서의 계보와 그 특징: 경험사실의 분석과 분류 방법의 모색」, 심경호 외 14명,『한국학의 학술사적 전망』1(고전편), 소명출판, 124~184쪽.

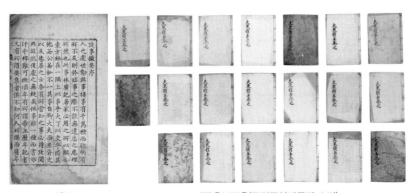

고사촬요
(국립중앙박물관 소장)

대동운부군옥(국립중앙박물관 소장)

實)에 긴요한 서적으로 간주되어, 거듭 증보판이 나오다가, 조선후기에 『고사신서(攷事新書)』로 개편되었다. 그러나 이것은 필요한 정보를 집적했지, 기존의 지식정보를 재정리한 것도, 기존의 지식정보와 경험사실을 대조한 것도 아니다.

『대동운부군옥』은 대구 부사로 있던 권문해가 선조 22년(1589)에 엮었으나, 훨씬 후대인 19세기 초에 20권 20책으로 목판 간행되었다. 우리나라 고사와 물명을 대상으로 충실히 전거를 밝힌 사전이다. 다만 체제는 『운부군옥(韻府群玉)』을 따라 표제항을 운목(韻目)별로 나열했다. 따라서 조선후기에 지식정보와 경험사실을 분류하여 제시한 편찬물과는 약간 성격이 다르다.

이후 인조 초 김진(金搢)[11]은 광해군 7년(1615)에 환향한 뒤 10여 년

---

11) 김진(1585~?)의 본관은 光山, 자는 起仲, 호는 秋潭·訓齋·詠齋이다. 정주 목사와 예안 현감을 지냈다.

고사신서(국립중앙박물관 소장)

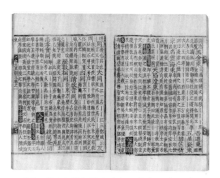

미국 버클리대학 동아시아도서관 소장 목판본
『대동운부군옥』 권1 장1b~2a

동안 중국 문헌의 내용을 초록하
여 중국의『옥해(玉海)』를 모방해
서『신보휘어(新補彙語)』를 저술
했다. 이는 심택(沈澤)ㆍ권우(權堣)
등이 효종 4년(1653) 59권 13책
(목록1책, 59권 12책, 공 59권 13책)
의 목활자본으로 간행하고, 1684
년(숙종 10) 김진의 자서(自序)를

부기히여 낙동자지동(洛東紫芝洞)에서 역시 목활자(목판본 혼재)로 중간
했다. 이 책은 운목별로 항목을 정리하지 않고, 대항목~소항목의 체계에
따라 문헌들을 발췌하여 '재문(載文)'하는 유서의 형식을 따랐다. 곧, 이
책의 유서로서 특성을 잘 지키고 있는 데다가, 여러 사람들이 협력하여
문헌을 발췌해서 수록 정보가 정밀하다. 이에 대해서는, 이유원(李裕元)
이『임하필기(林下筆記)』에서 논평한 바 있다.[12]

---

12) 『국역 임하필기』 제18권 「文獻指掌編」. "우리나라의『휘어』한 부는 여러 책에서 널리 취
하여 남김없이 포괄했는데, 行文 또한 구절을 지어 써서 창졸간에 考閱하기에 매우 편리
하다. 비록 중국에 들여보낸다 하더라도 과거 응시자나 문필가들에게 유용하게 쓰일 것
이니, 유서(類書)의 종주라 할 수 있다. 이 책은 곧 김진이 지은 것으로 평소 문도(門徒)

조선후기에 이르러 지식인들은 문한 용어(文翰用語), 생활 용어, 경험 사실들을 초록(抄錄)하여 체계적으로 정리했다. 이에 따라 어휘를 일정한 기준에 따라 분류하고 간혹 순수 국어의 대응어를 병기해서 '물명(物名)'이 편찬물을 이루거나, 더 나아가 일정한 체계를 고안하여 어휘집을 편성하기도 했다. 또한 각 어휘와 관련 있는 시문들을 함께 정리하여 '재문(載文)'의 체제를 이룬 유서(類書)를 엮었다. 그리고 일부 지식인들은 각 문헌정보와 경험지식을 함께 고찰하고 안어(按語)를 부기한 필기(筆記)·만록(漫錄)·잡고(雜考)·찰기(札記)를 정리하면서 일정한 분류 방식에 따라 배열하기도 했다. 이것들을 유설(類說)이라고 부르기로 한다. 한편, 조정에서도 국가의 역사·문물제도·문헌을 통람하고 정치 운영에 필요한 사항들을 일정한 체계에 따라 분류 정리한 국고자료집(國故資料集)인 비고(備考)를 편찬했다.

'물명'의 부류는 처음에 『시경』 공부에서 조수초목충어(鳥獸草木蟲魚)의 이름을 중시했던 점을 계승하여, 『시경』의 물명을 정리해서 정리하는 데서 출발했다. 『시경물명고』가 그것이다. 하지만 조선후기의 지식인들은 문헌 속의 물명과 생활 주변의 물명을 대조하기도 하고, 생활 속에서 목도하는 조(鳥)·수(獸)·충(蟲)·어(魚)·초(草)·곡(穀)·목(木)·채(菜)의 이름과 성질을 고찰하여 다양한 형태로 물명을 정리했다. 고종 2년(1865) 정학유(丁學游)는 310여 종의 물명을 고찰했는데, 『시명다식(詩名多識)』이라는 제목을 붙여 『시경』의 기초학에 연계시켰지만 그 범위는 『시경』

가 많았다. 찬술하여 편차하는 데 이미 일생의 정력을 다 기울였고 또 문인(門人)들로 하여금 篇帙을 나누어 받아 연구하고 다듬도록 하여 수십 년이나 걸렸다. 그래서 이와 같이 면밀하다."

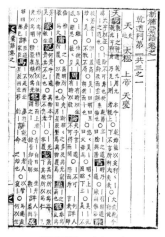

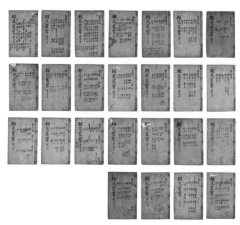

국립중앙도서관 소장
『신보휘어』(간기미상), 권1 장1a

유원총보(국립중앙박물관소장)

의 물명을 벗어나 있다.

　한편, 문한 용어를 정리하는 편찬물은 처음에는 중국의 '재문(載文)' 체제 유서(類書)를 모방했다. 앞서 말했듯이, 인조 초 김진이 『옥해』를 참조하여 유서 형식의 『신보휘어』를 이룬 후, 인조 21년(1643) 김육(金堉)이 역시 유서의 형태로 『유원총보(類苑叢寶)』를 이루고 인조 24년(1646)에 목판본 47권 43책으로 간행했다. 『유원총보』에는 '덕수후학 이식(德水後學 李植, 1584~1647)의 제서(題叙)'와 '소양협흡(昭陽浹洽, 계미, 1643) 초추(秒秋) 하완(下浣)에 '청풍 김육 백후(清風金堉伯厚)가 작성한 서(序)가 있다. 김육은 『사문유취(事文類聚)』·『당유함(唐類函)』·『천중기(天中記)』·『산당사고(山堂肆考)』·『운부군옥(韻府群玉)』 등을 참고하고 증감해서 이 책을 편찬했다고 밝혔다. 이후 오명리(吳命釐)의 『고금설원(古今說苑)』(1654년 편), 심능숙(沈能淑)의 『문시(文始)』 등으로 이어졌다.

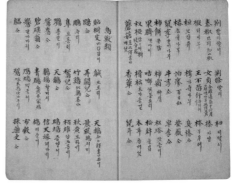

사문유취(충청남도역사문화연구원)　　　일본 동경대학 오쿠라문고 소장 필사본 (전)정약용 편,
　　　　　　　　　　　　　　　　　　『物名備考』(物名括/竹欄物名攷)』1책 31장

　　중국 유서를 참조하여 정보를 집적하는 방식은 임진왜란 이후 조선말
까지 계속되었지만, 17세기 이후에는 여러 형태의 독자적 유설들이 족출
했다. 우선 17세기에 이수광(李睟光)은 『지봉유설(芝峰類說)』20권 10책을
엮고 '유설'이라는 명칭을 사용했다. 이 책은 목판으로 간행되었는데, 발
행시기는 알 수 없다. 다만, 이수광이 '만력 42년(광해군 6년, 1614) 7월 중
한(中澣)'에 쓴 서문이 있다.[13]

　　영조 때 이익(李瀷)의 『성호사설(星湖僿說)』30권 30책, 19세기 중반
이규경(李圭景)의 『오주연문장전산고(五洲衍文長箋散稿)』60책, 고종 때
이유원(李裕元)의 『임하필기(林下筆記)』39권 33책 등도 한국 고금의 정
치·사회·경제·지리·풍속·언어·역사 등에 관한 유설들이다. 이들은 전통

---

13) 또한 작성시기 미상의 金玄成 題說이 권두에 있다. 일본 동양문고에는 '在山樓蒐書之一'
　　로 '韓山人李奎恒(1707~?)壽而印'이 찍힌 목판본이 있다.

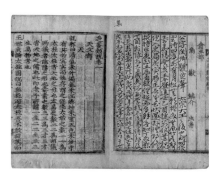

미국 버클리대학 동아시아도서관 목판본
『지봉유설』 목록 장6b, 권1 장1a

적인 분류법에 따르면 필기만록(筆記漫錄)의 부류에 속하되, 개별 잡고들을 일정한 기준에 따라 분류하고자 시도했다는 점에서, 『지봉유설』의 제목에서 개념을 빌려와 '유설'이라고 개괄할 수 있을 것이다.

또한 조선후기에는 국가 주도로 전장제도(典章制度)에 관한 국고자료집을 편찬하고, 일부 지식인들도 민간 주도의 국고자료집을 엮었다. 국가 주도의 국고자료집은 중국에서 9통(九通)[혹은 10통(十通)], 일통지(一統志), 그리고 『삼재도회(三才圖會)』가 편찬된 것에 비견된다. 즉, 영조 45~46년(1669~1770)에 영의정 홍봉한(洪鳳漢) 등 25인은 왕명에 따라 조선 개국 이래 최초로 우리의 문화 제반에 관한 자료를 집성하여 『동국문헌비고(東國文獻備考)』 100권 40책을 편찬했다.[14] 『동국문헌비고』는 여러 차례 수정이 이루어졌으며, 융희 2년(1908)에 이르러 홍문관은 왕명에 따라 『증보문헌비고』 250권 40책으로 간행했다.

이상에서, 조선후기에 이루어진 지식정보 휘집 편찬물은 크게 보아

---

14) 命刊 『東國文獻備考』. 其書凡例, 悉倣 『文獻通考』, 而只蒐輯我朝事. 選文學之臣, 以領之晝夜董役(『英祖實錄』 권113, 45년(1769) 12월 24일 임신) ; 『文獻備考』 「象緯考」成, 上親受崇政殿, 賞編輯堂郎有差. 上以『備考』之成, 基於申景濬『疆域志』, 特命加資(『英祖實錄』 권114, 46년(1770) 윤5월 16일 신유) ; 編輯廳堂郎, 陪進新刊, 『東國文獻備考』 四十卷, 上御崇政殿月臺, 降階親受之, 監印堂上洪名漢·李潭並加資, 餘各賞賚有差(『英祖實錄』 권115, 46년(1770) 8월 5일 무인).

화한삼재도회(국립중앙박물관 소장)

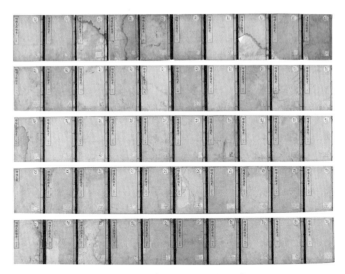

증보문헌비고(국립중앙박물관 소장)

다음 다섯 부류로 나눌 수 있다. 현대의 연구자들은 통상 다음의 ⓐ~ⓔ 를 넓은 의미의 '유서'라고 부르는 경향이 있다. 하지만 각각은 동기, 원류, 목적, 체제 등이 다르다는 점에 유의할 필요가 있다.

ⓐ 초록 집적물 : 주요 어휘나 개념에 따라 문헌 자료들을 발췌하여 집성하되, 분류의 개념을 심각하게 적용하지 않은 편찬물. 『잡동산이』가 그 예이다.

ⓑ 물명어휘집 : 『시경』의 물명 고찰에서 시작했으나, 생활 세계의 각종 물명들을 정리하는 방향으로 발전했다. 대구조 면에서는 운서보다 유서의 체제를 취하되, 각 어휘의 훈석은 출전을 밝히지 않아서 유서의 훈석 방식과 다르며, 사서(詞書)[15]의 상주본(詳註本)과도 다르다. 어휘나 개념을 정리하여 씨소러스(thesaurus)를 구축한 방식, 한자어 문헌 물명과 국어 대응어(혹운 국산 명칭)을 대비한 방식, 그 둘을 결합한 방식 등 다양하다.

ⓒ 유서(類書) : '재문'의 원칙을 지키며 초록을 하고, 초록한 자료를 새로운 분류 원칙에 따라 체계화한 결과물이다.

ⓓ 유설(類說) : 인문사회와 자연현상의 각종 사항에 대한 미셀러니인 잡고(雜考)를 집적하되, 유서의 체제를 참고하여 정리했다. 『지봉유설』의 제목에서 '유설'이란 명칭을 빌려오기로 한다.

ⓔ 비고(備考) : 정책 설계에 참고하기 위해 전장제도(典章制度)의 용어와 사항들을 일정한 기준에 따라 정리했다. 본래 국가에서 편찬했으나, 조선후기에는 일부 지식인들도 그 편찬을 시도했다.

단, 조선시대의 당대에 유서와 유설들이 목판이나 활자로 출판된 사

---

15) '詞書'란 중국 고전 문헌학에서 字義分類辭典을 가리킨다. 『爾雅』가 그 초기의 예에 속한다. 중국에서는 글자의 聲韻을 분석한 韻書도 각 글자마다 訓解를 배치함으로써 전체적으로 '사서'의 성질을 지녔다.

례는 그리 많지 않다. 따라서 그 체계, 정의, 해설이 복수 비평가들의 '검
토'를 거쳐 재정리되는 일은 활발하지 않았다.

하지만 조선후기에 발달한 유서와 유설은 '새로운 지식 분절화'를 반
영하는 가장 중요한 자료들이다. 특히, 문헌의 절록과 정리라는 소박한
유서의 틀을 분쇄하고 잡고의 방식에 분류의 개념을 도입하려 했던 유설
의 등장에 주목할 만하다.

3. 단순 초록(抄錄)을 극복한 경험적 분류 체계의 고안

조선의 학자들은 기본적으로 초록을 학습 방법으로서 중시했는데, 이
것이 초보적인 형태의 지식정보 휘집 편찬물의 기원이 되었다. 각 가문의
고문헌에는 이러한 형태의 편찬물이 미간(未刊)인 채로 보존되어 있는
경우가 많다.

정약용(丁若鏞)은 23세 되던 정조 8년(1784) 9월 28일 정시(庭試) 초시에
합격하고 1785년 4월 16일 반제(半製)에 피초(被抄)되어 표(表)로 삼하(三
下)의 어고(御考)를 받은 후 여름에는 홍낙정(洪樂貞)의 산정에서 피서하면
서 과거 공부를 했다. 이 때 「홍복원의 산정에서 더위를 피하며(洪復元山亭
避暑)」란 시를 지어, "책을 초록하는 것은 손님들 흩어진 이후. 약을 조제
하는 것은 노복이 약초 캐어 온 뒤.(鈔書因客散, 劑藥待僮歸)"라고 했다.[16]
정약용은 이후 28세 되던 1789년(정조 13) 정월 26일 친림도기시(親臨到

---

16) 丁若鏞, 「洪復元山亭避暑」, 『與猶堂全書』 제1집 제1권.

記試)에서 과전(科箋)으로 거수하여 직부전시(直赴殿試)의 은전을 입고, 3월 10일 친림 식년시에서 갑과 제2인으로 합격하게 된다. 그 때까지 줄곧 반제에 응시했으나 좋은 성적을 얻지는 못했다.

대과에 급제하기 이전 정조 12년(1788) 5월 하순, 장맛비가 계속되자 집에 물이 들어와 아궁이가 잠겨 살림이 엉망인데다가 기력이 쇠하여 밖에도 나가지 못하고 무료함을 달래는 처지를 「고우행(苦雨行)」에서 토로하며, "내 이제 글을 초하며 문을 나가지 않는 것은, 기력이 쇠해서이지 학문이 넉넉해서가 아니로다.(我今鈔書不出戶, 良由氣衰非學優)"라고 했다.[17] 이 예에서 초서(鈔書)는 공부의 한 방법으로 널리 활용되었고, 특히 과거 대비 공부법으로 중시되었음을 짐작할 수 있다. 조선후기에 필사본으로 전하는 많은 초록 형태의 유서들은 이러한 풍조와 깊은 관련이 있다.

1790년에 정조는 자신의 학문 지향을, ㉠경전을 궁구하고 옛날의 도를 배워서 성인의 정미한 경지를 엿보는 일, ㉡널리 인증하고 밝게 변별하여 천고에 판가름 나지 않았던 안건을 논파하는 일, ㉢호방하고 웅장한 시문으로 빼어난 재주를 토로하여 작가의 동산에 거닐어 조화공의 오묘한 기법을 빼앗는 일 등의 세 가지로 개괄했다.[18] 이때 ㉠의 구체적 방법으로는 초록(抄錄)과 풍송(諷誦)을 거론했다. 그리고 초록의 방법이 장재(張載)에게 기원하지만 우리나라 학자들이 즐겨 사용하던 방법이기도 하

---

17) 丁若鏞, 「苦雨行」, 『與猶堂全書』 제1집 시문집 제1권.

18) 正祖, 『弘齋全書』 권162 日得錄2 文學2, "予嘗以爲, 窮經學古, 而窺聖人精微之蘊, 博引明辨, 而破千古不決之案, 宏詞雄文, 吐露雋穎, 而步作家之苑, 奪造化之妙, 此乃宇宙間三快事."(徐浩修 기록)

다고 했다.[19]

초록은 경문의 의리를 탐구하는 일은 아니지만, 생활 세계와 역사 사실의 여러 사항들을 파악하려고 할 때 가장 유효한 방법이었다. 즉 휘집(彙集)·휘찬(彙纂)·초촬(抄撮)·촬록(撮錄) 등은 모두 기성의 지식정보를 초록하여 정리하는 일을 의미했다. 여기서 더 나아가, 방대한 분량의 초록물을 일정한 원칙에 따라 분류할 때 그 결과물은 전체 구조상 일종의 광의의 '유서'와 같은 형태를 이루었다. 간혹 전체 구조를 미리 정하고 그 세부 항목을 다층적으로 설정한 후 문헌을 휘집하는 경우도 있었다. 이것은 본격적인 유서의 체제를 취하게 된다. 영조 연간 조정에서 국가제도의 연혁을 정리하여 '비고'를 편찬할 때는, 국정 운영의 각 기구를 분류하고 각 기구의 기능을 고려하여 항목을 정한 후, 기존의 문헌을 휘집하는 방식을 취했다.

한편, 지식정보에 대해 안어(按語)를 두어 논증하고 주해하는 경우에는 미리 전체 구조를 설정하지 않고 각 사안을 수록(隨錄)·차록(箚記)하면서 전체 구조와의 관계를 수시로 고려하여 체계를 잡아나가는 방식을 취하기도 했다. 휘집·휘찬·초촬·촬록 등 지식정보 휘집 편찬물은 초록물의 잡다한 모음으로 그치지 않았다. 편찬자는 분류 기준을 상정하고 전체가 일정한 체계를 지니도록 구성하고자 시도했다. 이때 성리학 시대의 사물 분류 방식과는 달리 새로운 형태의 분류 방식을 추구하게 되었으며, 이러한 경향은 '가시성(visibility)'을 중시하는 근대 지식학의 흐름과 조응

---

19) 正祖, 『弘齋全書』 권165 日得錄5 文學5, "讀書必成誦, 看書必鈔錄, 然後可以耐久受用."(金祖淳 기록) ; 심경호, 2005, 「정조의 경학 연구 방법에 관한 규견」, 『대동고전연구』 21, 한림대학교 태동고전연구소, 27~84쪽.

했다.

한국의 고대와 중세에는 한자한문 문헌의 원문이 담고 있는 뜻을 정확히 전달하기 위해 협주(夾註)를 활용했는데, 어휘 용례집을 편찬했을 가능성도 있다. 한국에는 고대와 중세의 사전이 남아 있지 않지만, 9세기에 불경음의(佛經音義)가 존재했으므로 불교 관련 어휘를 분류하여 정리한 사전도 이른 시기에 출현했으리라 추정된다. 또 조선시대 세종 연간에 이루어진 『월인천강지곡(月印千江之曲)』을 보면, 각 곡(曲)은 출구(出句) - 대구(對句)를 여러 소의본(所依本)을 근거로 구성하면서 소의(所依)의 원문과는 달리 인명을 음차표기(音借表記)가 아니라 한자어 의역표기(意譯表記)로 바꾸어 대우(對偶) 형식을 맞춘 예가 상당히 많다. 이러한 변형은 산스크리트어 - 한자어 대응 사전이나 자료집이 없으면 불가능하다. 또한 고려나 조선 초에 고유의 의서(醫書)를 엮어 약명(藥名)과 의방(醫方)을 설명하기 위해 사전적 정의를 부가하는 편찬물을 엮으면서, 일정한 분류 방식을 적용했을 것이다.

조선 시대에 이루어진 한자물명어휘집도 대개 분문(分門)의 방식을 채택했다. 이 유형의 편찬물은 기본적으로 사의(詞義), 성어(成語), 전고(典故)를 해석하는 사서(詞書)로서의 기능을 지녔으나, 매우 간단한 단어장의 형태를 벗어나지 못했다. 하지만 조선후기의 물명어휘집은 기왕의 분류 항목을 조정하고 새로운 분류 체계를 고안하기 시작했다. 생활 세계의 복잡한 사항들을 종래의 관념적, 선험적 분류만으로는 정리할 수가 없게 되었기 때문일 것이다.

조선후기의 유서는 중국의 유서를 참조하면서 새로운 분부(分部)를 시도했다. 대부분 천부 - 지부(天部 - 地部)의 대립 유목을 취하지, 건도 -

곤상(乾道 - 坤象)의 대립 유목을 취하는 일이 없다. 이것은 아마도 『태평어람(太平御覽)』54부의 분문(分門)과 관련이 있을 듯하다. 또한 여러 유서들은 『옥해(玉海)』의 21부 등에서 분목(分目)을 차용하기도 했다. 하지만 조선의 유서들은 중국 유서의 분류 체계나 분류 항목을 그대로 도습(蹈襲)하지는 않았다. 점차 고유한 분류 체계를 형성해 나갔다.

조선시대에 이루어진 최초의 잡고류 유설인 이수광의 『지봉유설』(1614년 저술)은 20권 25부문에 3,435항목을 나열했다. 그 분목은 다음과 같다.

천문(天文), 시령(時令), 재이(災異), 지리(地理), 제국(諸國), 군도(君道), 병정(兵政), 관직(官職), 유도(儒道), 경서(經書), 문자(文字), 문장(文章), 인물(人物), 성행(性行), 신형(身形), 어언(語言), 인사(人事), 잡사(雜事), 기예(技藝), 외도(外道), 궁실(宮室), 복용(服用), 식물(食物), 훼목(卉木), 금충(禽蟲).

이 분류에서 천문 - 지리의 문목은 『옥해』를 따랐지만, 군왕지치(君王之治)에 한정하지 않고 인사, 잡사와 조수초목충어에 이르는 분류 항목을 설정한 것은 『태평어람』의 분목(分目)을 의식한 결과인 듯하다.

한편, 18세기에 이르러 이익은 잡고류 유설인 『성호사설』30권을 편찬했다. 그 제자 안정복(安鼎福)이 원고를 재정리하면서 전체를 5개 부문으로 줄인 반면, 소목차는 상세하게 나누었다. 이는 사물들을 분류함에 있어 대분류와 소분류의 관계를 좀 더 정교하게 짜는 방식을 개발했음을 뜻한다.

19세기 초에 이르러 일부 지식인들은 어휘개념, 문헌지식, 경험사실 등 지식정보를 휘집할 때에 어떠한 분류가 옳은지에 대해 깊이 성찰하기 시작했다. 곧, 존재론적 재분절화를 분류 체계에 반영하려고 시도한 것이다. 순조 7년(1807) 35세의 유희(柳僖)는 60세의 진사 이만영(李晩永)에게 서찰을 내어 이만영이 엮은 『재물보(才物譜)』의 분류 방식에 대한 자신의 견해를 밝혔다. 그 일부를 보면 다음과 같다.[20]

대개 우리나라 세속 병통 중에 으뜸가는 것은 고루함이니, 물명(物名)이나 글자 풀이에 열에 열아홉은 서로 어긋나, 그 정사(政事)를 그르침이 적지 않을 뿐더러, 자기가 지은 글을 중국 사람에게 이해시킬 수가 없으니, 훈고(訓詁)의 교육보다 더 급한 일은 없을 것입니다. 이제 이 『재물보』 한 책은 그 병통을 고칠 가장 좋은 약입니다. 4백여 년 간 대가들도 미처 창출해내지 못하던 바인데 갑자기 당신에게서 보게 되니, 진실로 복이 있다고 하겠습니다. 그리고 후진 말학(後進末學)이 이를 얻으면 보배로이 여길 것이니, 광주리 가득한 금(金)이나 한 아람(셋째 손가락과 엄지를 한데 모은 둘레만큼)짜리 구슬과도 맞먹을 뿐 아니라, 혹 아무리 도학이나 문장에는 절실치 않다 하여 우습게 여길지라도, 세상을 근심하고, 세상에 도움 주기로는 경전(經傳)을 손보거나 사부(詞賦)를 엮는 것만 반드시 못하지 않을 것입니다.

진실로 글을 짓는다는 첫 번째 어려움은 이미 면했다 하더라도, 책을 완성하기 전에는 오히려 성서(成書)의 어려움이 있을 것입니다. 글을 지은 뜻이 이미 남이 미처 펴지 못한 것을 펴내고자 하는데 있었는데, 만약 다시 네 발 가락이니 육손이니 를 덧붙인다면, 장차 지리하다는 비웃음을 막을 길이 없을 것이 뻔합니다. 사단(四

---

20) 정인보는 1939년(기묘년) 봄에 유희의 증손인 柳近永씨로부터 유희가 1807년 李晩永 進 士에게 준 이 서찰을 얻어, 「書才物譜後」의 뒤에 「附西陂與李進士晩永書 四月」이라는 제목 으로 수록했다. 『詹園文錄』에 수록되어 있는데, 정양완 님의 번역문을 기초로 윤문하여 일부를 소개한다.

段)에 다른 책 것을 전부 기록한 것−이를테면 우리나라 군현·국왕·왕비의 기일(忌
日) 및 역대 세계(世系), 사람 몸의 혈명(穴名), 오복(五服), 구구(九九)의 수 따위−
은 삭제해야 합니다. 글을 지은 뜻이 이미 명물 도수(名物度數)를 명시하고저 하면
서, 만약에 이래도 그만 저래도 그만인 것이 있다면, 한갓 욕심스레 많이만 쓰려 했
다는 누만 끼치고 실효는 거둘 수 없을 것입니다. 이것은 어떤 모양의 물건이나 어
떤 것의 소리−이를테면, 섬섬(閃閃)은 빛이 움직이는 모양이고, 풍풍(馮馮)은 담
쌓는 소리라는 따위−라든지, 여러 冊 속에서 우연히 한두 자 차용한 것−이를테면,
관(寬)은 『모시(毛詩)』에서 '대이다(大也)'라든지, 치(寘)는 『좌전(左傳)』에서 '치이
다(置也)'라는 따위−은 깎아 없애야 합니다.

열거한 예가 이미 온갖 조목이 다 갖추어 있는데 열 가운데 한 둘만 남는다면 안
싣는 이만 못하게 될 터이니, 그렇다면 또한 반쯤 올라가다가 떨어지는 것을 면치
못할 것입니다. 어떤 물종(物種)이 너무나 번다하여 일일이 다 수록할 수 없다 하여,
내가 아는 것만−이를테면 국화의 종류라든가, 골패의 법이라든지에 대해서 다만
두어 가지만 기록하고 마는 따위−열거해서는 안됩니다.

열거한 예에서 이미 세속의 잘못됨을 바로잡는다 해 놓고서는, 자기 자신이 그
잘못을 저지른다는 것은 진실로 크나 큰 수치이니, 그 주(注)를 붙일 때, 반드시 잘
살펴서, 한 책만을 의거하여 허겁지겁 믿어서는 안 됩니다. 대개 여러 가지 술수(術
數)의 주석과, 새·짐승·풀·나무에 대한 우리말 풀이가 자칫 틀리기 가장 쉬우니, 마
땅히 널리 상고해야 합니다. 대개 정강성(鄭康成, 鄭玄) 같이 해박한 사람도 돌모과
나무(명사나무) 명(楱)과 풀명자나무 사(樝)를 혼동했으며, 이시진(李時珍) 같이 꼼
꼼한 사람도 풀과 과일을 분간치 못했습니다. 그러므로 의심스러워 빼는 것과 모르
는 것을 모른다고 하는 것은 애당초 저서의 흠이 아닙니다. 박잡(駁雜)하다거나−
앞의 두 조항(다른 책 것을 베낀다거나 많이만 쓰려는 욕심)을 말한다. −견강부회(牽

强附會) −뒤의 두 조항(자기가 아는 것만 적는다든지 한 책만 의거한다든지 함)을 말한다− 한 것이 그대에게 누가 될까 두렵습니다.

그리고 이를테면, 분목(分目)의 수(數)라든지 서법(書法)의 차이 같은 것은, 역시 몇 번이고 정성 들여 다시 손대야 합니다. 이는 미련한 경(儆, 유희의 처음 이름)이 대가(大家)의 법에 이러쿵저러쿵 따질 것이 못되므로 진실로 부끄럽습니다만, 외람되고 버릇없어 이에 이르렀사오니 너그러이 받아 주실 지 천만 두렵습니다.

이 이외에, 조선후기 지식인이 분류의 문제에 대해 고민한 다른 자료는 더 발견하지는 못했다. 하지만 유희가 이만영의 어휘집『재물보』의 분류 문제를 전면적으로 검토한 사실을 말해주는 이 자료는 조선후기 지성사의 큰 변화를 예시하는 것으로서 큰 의의를 지닌다고 생각된다.

4. 문헌지식과 경험지식의 대조·종합에 따른 잡고류 유설의 발달

조선후기의 지식인들은 지식정보를 체계화하는 한편, 진위를 논증하는 일을 더욱 중시하게 되었다. 곧, 조선후기에는 지식정보를 집록하는 유서보다도, 사물의 개념이나 문헌어휘들을 일정하게 정의하고 정리한 물명어휘집과 인문·사회·자연의 일체 개념을 고석(考釋)하는 잡고의 유설이 발달했다. 특히, 잡고류 유설에서는 역사문화, 경제구조, 민간지식, 과학지식 등의 새로운 요인들을 크게 검토하기 시작했다.

조선후기 지식인들은 경서의 자구, 역사의 사실, 민족문화의 제상(諸

相) 등 여러 사실에 대해 문헌의 오류를 비판하고, 생활에 밀접한 사물에 대해 고석을 가했다. 박지원(朴趾源)의 『열하일기(熱河日記)』에는 「동란섭필(銅蘭涉筆)」과 「구외이문(口外異聞)」이 있는데, 이러한 잡고는 각 문인의 간행 문집이나 미간행 필사 문헌 속에 상당히 많이 남아 있다. 또한 『지봉유설』의 이수광을 시작으로, 일부 지식인들은 고석의 내용을 담은 잡고류 논문들을 집성하여 유별로 분류하기도 했다. 특히 유형원(柳馨遠, 1622~1673)의 『반계수록(磻溪隨錄)』 이후, 많은 지식인들이 인간과 역사(현실)를 종합적으로 이해하기 위해 개별 사물을 관찰하고 문헌 정보와 경험 사실을 대조하여 변증했으며, 변증의 내용들을 그때그때 수록(隨錄)하되, 전체적으로 일정한 체계를 이루려고 노력했다.

본래 유설은 유서와 마찬가지로 정보의 취합 및 전달을 목적으로 하지만, 필기잡록은 정보에 대한 흥미 유발에 더 초점을 둔다. 하지만 그 둘의 경계는 모호하다. 이를테면 김만중(金萬重)의 『서포만필(西浦漫筆)』은 '만록'을 표방한 논증류의 필기잡록이지만, 각 항목들의 상하 관계에는 연역적 배치 구성이 드러난다. 이에 비해 이덕무(李德懋)의 『이목구심서(耳目口心書)』는 취득한 지식 정보들을 수록하는데 중점을 두었지만 부분적으로는 몇몇 항목끼리 의미상, 기능상 연결을 이루도록 연역적 배치 구성을 도입하고 있다.

조선후기의 인물록과 당론서는 체제나 목적의 면에서는 유서·유설과 관련이 없으나, 그것들이 야사와 전문(傳聞)의 자료들까지 적극 활용한 방식은 같은 시기 유서·유설의 그것과 공통성을 지닌다. 조선후기에 발달한 인물록과 당론서는 역사 무대에서 활동한 인물을 평가하고 사화나 당쟁 등 정치 사건을 조명할 때 편향적, 단선적 시선을 배격하고 입체적,

종합적 시각을 확보하려고 했다. 이를테면 홍경모(洪敬謨)가 『대동장고(大東掌故)』의 '보편'을 기초로 하면서 새로운 종합 인물지를 편찬하려고 한 것은 그 대표적인 예이다. 조선후기의 유서·유설도, 인물 평가나 사건의 해석에서 입체적, 종합적 시각을 확보하려고 야사나 전문을 활용하게 되었다.

조선후기 잡고류 유설에서 지식의 새로운 분절 양상을 가장 두드러지게 보여주는 것은 이익의 『성호사설』이다.[21] 『성호사설』 30권은 단형 논문(비망록) 3,008항목을 조카 이병휴(李秉休)가 천지문(天地門)·만물문(萬物門)·인사문(人事門)·경사문(經史門)·시문문(詩文門)으로 분류한 것이다. 안정복은 그것을 다시 총 1,368항목으로 줄이고 대항목 아래 중항목을 설정했다. 한문 고전에는 '사설(僿說)'이라는 복사(複詞)가 나타나지 않지만, 『부석호주예부운략(附釋文互註禮部韻略)』과 『고금운회거요(古今韻會擧要)』를 보면, '사(僿)'는 '무곤성(無悃誠)'의 뜻 이외에 '세쇄(細碎)'의 뜻을 지닌다. 이익은 「자서(自序)」에서 『사설』을 '희필(戲筆)'이라고 다소 겸손하게 자평했다.[22] 그런데 이익은 '사설'의 소재를 다음과 같이 언급했다.

---

21) 심경호, 2017, 「성호의 사설과 지식 구축 방식(1)」, 『민족문화』 49, 한국고전번역원, 137~186쪽 ; 심경호, 2017, 「성호의 사설과 지식 구축 방식(2)」, 『민족문화』 50, 한국고전번역원, 243~297쪽.

22) 李瀷, 『星湖先生全集』 卷之五十 : "星湖(僿說本無'星湖'二字)僿說者, 星湖翁之戲筆也. 翁之作是說也何哉? 直無意, 無意奚其有此哉? 翁乃優閒者也, 讀書之暇, 應世循俗, 或得之傳記, 得之子集, 得之詩家, 得之傳聞, 得之詼諧, 或可笑可喜, 可以存閱, 隨手亂錄, 不覺其至於多積. 始也爲其挑(僿說本作'排')忘錄之卷, 旣又爲之目列於端, 目又不可以徧閱, 乃分門類入, 遂成卷表, 又不可無名, 名之以僿說. 勢也, 非意之也. 翁竆經二十年, 凡見解聖賢遺意, 各有成說, 又喜著書, 其寓物酬人, 序記論說, 別有采輯, 如僿說者不堪載之向之數者則其爲無用之冗言定矣. 鄙諺云 : '我食屬厭, 棄將可惜.' 此僿說所以起也. 夫三代更尙, 至文而止. 文之未造, 小人瑣細, 自周以降,

전기(傳記), 자집(子集), 시가(詩家), 전문(傳聞), 회해(詼諧)

　이 가운데 전기·자집·,시가에는 고전과 당대 문헌, 중국과 조선 문헌이 모두 들어 있다. 구체적으로 보면, 『성호사설』은 정보 자료의 취재원으로 고전 문헌과 송·원·명·청 유서와 총서를 이용하는데 그치지 않고, 국내 서적과 정치 사료, 가학 연찬물을 두루 활용했다. 전문에는 친지나 전문가의 실무지식도 있고 민중의 생활지식(local knowledge)도 있다. 천문학의 분야설과 천견설, 지리학의 풍수설(감여설) 등은, 당대의 통념이나 생활지식을 반영하여 그 자체로서 의미를 지니는 것이 많다. 한편 회해는 우언(寓言)의 양식을 포함한다. 또한 『성호사설』에는 이익이 밝힌 위의 5개 범주 이외에 계세적(戒世的) 언설도 들어 있다.[23]

　『성호사설』은 제사상(諸事象)에 관한 논설을 분류해서 정리한 것이다. 이익 자신도 '분문(分門)하고 유입(類入)했다.'라고 언급했다. 하지만 '재문(載文)'의 체제를 취한 유서가 결코 아니다. 그렇기에 조카 이병휴와 문인 윤동규(尹東奎) 등은 이 책을 '만록(漫錄)'의 으뜸이라고 보았다.[24] 안

文之不反淳久矣. 下民之德, 宜乎其弊甚. 吳輩小人, 與世同流, 動覺多言, 於此書可見. 然糞壤草芥, 至賤物也, 或輪之田瓏, 養成嘉穀, 取之廚竈, 資爲美饌. 此書者善觀者采之, 亦安知不有(僿說本無'不有'二字百無一收也哉(僿說本作'乎')."

23) 심경호, 2017, 「성호의 사설과 지식 구축 방식(1)」, 『민족문화』 49, 한국고전번역원, 2017 ; 심경호, 「성호의 사설과 지식 구축 방식(2)」, 『민족문화』 50, 한국고전번역원, 2017.

24) 李瀷, 『星湖先生全集』 附錄卷之一 行狀, 「行狀(門人尹東奎)」: "雖處畎畝之中, 以爲天下事, 非甲則乙爲. 嘗默究弊原, 咸思救策, 有藫憂錄僿說等諸編, 而僿說者餘力所及, 時著爲說. 及其成裘, 列其條例, 授門人安鼎福使之整釐, 上自天地下至萬物, 遠自邃古近至昭代, 內自中華外至夷狄, 無所不該, 無所不論, 蓋自有漫錄以來無此比也."

정복은『사설』의 중복되고 번잡한 것을 삭제하고 다시 유별(類別)로 편차
를 엮어 원래의 3분의 1정도로 줄여『성호사설유선』을 이루었다.[25]『성호
사설』에 없으나『성호사설유선』에 추가된 항목이 상당히 많은데, 이것들
은 안정복이 무단으로 추가한 것이 아니라『성호사설』의 성책 이후 이익
이 별도로 작성했거나 이미 작성해두었으나 누락된 것을 안정복이 추가
한 것이 아닌가 한다. 그런데『성호사설』과『성호사설유선』에 모두 있되,
내용이 수정되거나 주석이나 안어가 추가된 것도 323항이나 된다(대조표
는 생략한다). 이러한 수정과 추가는 안정복에 의해 이루어졌을 가능성이
높다.

이익은『성호사설』에서 문헌과 구전의 두 자료에 의거해서 사실의 비
교와 검증을 행하는 방식을 중시했다. 이에 따라 자료가 되는 문헌과 구
전의 다과, 신뢰도 등에 관한 검토를 수반하고 있다. 때에 따라서는 문헌
의 부족을 한탄하거나 비판하기도 했다.

이를테면『성호사설』제8권 인사문 '동인주의(東人奏議)'는 시무와 관
련한 주소(奏疏)가 조선 3백여 년간 문헌이 없어서 후세에 득실을 상고할
길이 없으리라고 염려했다. 오히려 고려 때의 일은『고려사』가 있으므로
증거할 수 있으나, 조선전기의 경우 조신(朝臣)들이 서둘러서 일을 들어
지적한 것마저도 모두 없어지고 전하지 않으며, 임진왜란·병자호란 이
전에 관사(官司)에 소장했던 문헌은 말할 것도 없고, 사가(私家)에도 영달
한 자손이 있는 자 이외에는 유집(遺集) 있는 이가 드물다고 했다. 이익은

---

25) 1929년 文光書林에서 신식활자 10권 5책으로 간행했다. 1929년 卞榮晚과 鄭寅普의 작성
한 서문 2편이 있다.

1929년 문광서림 신식활자본	1929년 문광서림 신식활자본
『성호사설유선』 10권 5책, 범례	『성호사설유선』 권1상 장1a–b

비국(備局)과 각사(各司)에 있는 문헌을 모두 내어다가, 당순지(唐順之)의 『우편(右編)』 40편처럼 부문별로 유취(類聚)·절록(節錄)하고 간행·배포해야 한다고 주장했다. 또한 이익은 현재 일서(佚書)로 된 서적도 인용했다. 『국조정토록(國朝征討錄)』은 그 한 예로, 『성호사설』 제19권 경사문 '정대마도(征對馬島)'에 언급되어 있다.[26]

이후 정약용은 1789년 작성의 「지리책(地理策)」에서 『정토록』을 언

---

26) 내가 어느 친구 집의 묵은 상자 속에서 얻은 『國朝征討錄』은 지금 선비로서는 얻어본 자가 아마 드물 것이다. 오래되면 더욱 泯滅될까 염려하여 그 중 번잡한 것은 깎아 없애고 대강 적어 두기로 한다. "世宗 원년 기해년(1419) 여름 5월 신해일에 倭가 庇仁縣으로 침입해 왔다. 얼마 후에 尹得洪과 平道全 등이 왜를 白翎島에서 만나 사로잡고 목 베어 죽이니 남은 자는 모두 물에 빠져 죽었다. 도전은 본래 倭人이었는데 이보다 앞서 對馬島에 밀통하기를 '조선서 너희들을 대우하는 것이 점점 박해진다. 만약 침략한다고 으름장을 놓으면 반드시 옛날 대우처럼 할 것이다.' 했다. 이때에 이르러 도전은 병마사를 도와 싸우게 되었는데, 힘껏 싸우지 않았으므로 평양으로 유배되었다."

급하고,[27] 이유원도『임하필기』제15권 문헌지장편(文獻指掌編)「난모(煖帽)」에서 이수광이 "성종 때 명을 내려 피모(披肩) 즉 이엄(耳掩) 2,000개를 만들어 사졸들에게 나누어 주었다는 기록이『정토록』에 있다."라고 한 말을 재인용했다.

또한 이익은 일본의 문헌에 대해서도 상세히 언급했다.『성호사설』제17권 인사문 '일본충의(日本忠義)'에서는 야마자키 안자이(山崎闇齋)와 아사미 게이사이(淺見絅齋)의 학문을 언급하고, 진순(陳淳)의『성리자의(性理字義)』와『삼운통고(三韻通考)』는 우리가 '왜(倭)'로부터 전적을 구했고, 우리나라의『이상국집(李相國集)』도 우리나라에서는 이미 산실되었으므로 다시 '왜'로부터 구해 와서 세상에 간행했다고 했다.『삼운통고』를 일본 기원으로 본 것은『지봉유설』의 설을 따른 듯하다. 이형상(李衡祥)은「서삼운통고후(書三韻通考後)」에서 '라마승이 찬술하여 일본에서부터 전해 온 것'이라고 보고,[28] "『지봉유설』은 왜인이 찬(撰)한 것으로 본 듯하고『성호사설』은 본시 우리나라에 있던 것을 중간에 분실했다가 다시 왜국으로부터 얻은 것으로 본 듯하나 그 내력은 자세히 알 수 없다."라고 변증하게 된다.[29]

또 이덕무는『국조보감(國朝寶鑑)』과『필원잡기(筆苑雜記)』의 기록을

---

27) 『여유당전집』제1집 제8권 對策「地理策」, 乾隆 기유년(1789) 閏 5월 정조가 內閣(奎章閣)에서 親試를 보였을 때 다산은 御批로 수위를 차지했다. "옛날에 李岾·田霖·趙元紀 등이 서해로 나아가 해적들을 정벌했습니다. 그러나 이 사실들이『征討錄』에 실려 있지 않으므로 그 전말이 어떻게 되었는지는 알 수 없습니다마는 아마 조그마한 섬이었나 봅니다."

28) 李衡祥,『瓶窩先生文集』권13 雜著,「書三韻通考後」.

29) 李德懋,『靑莊館全書』第60卷 盎葉記 7,「三韻通考」.

인용하여, 『삼운통고』가 세종 무렵이나 세조 무렵에 편찬된 것이되, 그것이 일본에서도 간행되었다가 우리나라에 흘러들어온 것으로 추정했다.[30] 『삼운통고』가 평성·상성·거성의 3성을 중시하고 입성을 별도로 부기하는 방식은 일본의 이른바 삼중운본(三重韻本) 『취분운략(聚分韻略)』과 유사하다.[31] 이규경이 「운서에 대한 변증설」에서, 『삼운통고』가 원나라 주덕청(周德淸)의 『중원음운』에서 영향을 받아 '삼성(三聲)'이라는 명칭이 있게 되고 거기서 다시 삼성을 '삼운(三韻)'이라고 부르게 되었다고 추정한 것은 주목할 만하다.[32] 우리나라의 『삼운통고』도 일본의 『취부운략』

---

30) 李德懋, 『靑莊館全書』第60卷 盎葉記 7, 「三韻通考」: "『國朝寶鑑』: '世祖五年, 禮曹啓曰: 『訓民正音』, 先王御製之書, 『東國正韻』·『洪武正韻』, 皆先王撰定之書, 吏文又切於事大, 請自今文科初場試, 講三書, 依四書五經例給分, 終場並試吏文, 依對策例給分.' 從之.' 『筆苑雜記』(徐居正撰): '我英廟命儒臣, 分局撰次『高麗史』·『治平要覽』·『兵要』·『韻書』·『五禮儀』·『經書音解』, 同時撰修, 皆經睿裁書成, 一日御覽數十卷.' 德懋以爲『寶鑑』·『雜記』所載二, 則似是今『三韻通攷』, 日本亦得刊行, 又轉至于我國歟? 以俟更考."

31) 『聚分韻略』은 가마쿠라(鎌倉)末 선승 虎關師鍊(1278~1346)이 편찬한 작시용 운서로, 약 8,000자의 한자를 4성 113운으로 분류한 후, 의미에 따라 乾坤·時候·氣形 등 12문으로 분류했다. 일본의 경우 15세기 후반에 평·상·거 同韻의 글자를 3단으로 중첩하고, 입성은 별도로 말미에 붙인 三重韻本이 주류가 되었다. 이것은 에도시대 말기에 이르기까지 수십 종의 판본이 나왔다. 현재 가장 오래된 판본으로는 1481년(일본 文明13) 薩摩版(사쓰마판)을 꼽는다. 그것은 1493년(일본 明應2) 周防國(스와노구니)에서도 開板되었다. 1593년(일본 天文 8) 周防國의 大内義隆는 구판을 보완하여 袖珍本인 오우치판 삼중운(『大内版三重韻』)을 간행했다. 娛村三雄, 『聚分韻略の研究』, 風間書房, 1973; 三澤成博, 「音引き『三重韻』としての『貞享三年版』について」, 『和洋女子大學紀要』34, 1994.3. 25~36면.

32) 李圭景, 『五洲衍文長箋散稿』 經史篇一 經傳類二 小學 韻書, 「韻書辨證說二」: "韻既設四聲, 而平上去三聲, 固多通貫, 惟入聲似覺差殊, 以入爲閏聲者, 何也? 四聲一貫, 始合沈韻之本義, 而元周德淸『中原音韻』, 併行三聲, 故有三聲之名, 而更有三韻, 名實不副也. 我東音韻, 國初專襲麗朝, 麗朝沿用元韻, 故有『三韻通考』之書, 殊失四聲之舊名, 至正廟朝『御定奎章全韻』, 而始合四聲之原法. [顧炎武曰: 入爲閏聲者, 平聲音長, 入聲音短, 平聲字多, 入聲字少, 長者多, 短者少,

삼중운본도, 서로 다른 경로로『중원음운』의 영향을 받았을 가능성이 있
다. 이 한 애에서 알 수 있듯이, 이익의『성호사설』은 조선시대에 이루어
진 유서와 유설 가운데서 가장 후대의 논쟁을 촉발한 내용이 많다.

　이익은 문헌과 구전의 자료를 인증할 때 단 하나의 증거인 고증(孤證)
에 매달리지 않고, 여러 지식정보들을 상호 대조하는 방법을 활용했다.
『성호사설』제12권 인사문 '오삼계(吳三桂)'에서는 오삼계 아들 오응웅
(吳應熊)이 청나라 순치제(順治帝)의 매서(妹婿)가 되었는데 병진년(1676
년) 오삼계가 명나라 의종(毅宗)의 유자(遺子)를 받들고 배반하매 청나라
에서 토벌하므로 오응웅도 함께 잡혔다는 사실을 대마도 서계(書契)에
의하여 확인했다고 적었다.『성호사설』제12권 인사문 '일본지세급격조
선론(日本地勢辨及擊朝鮮論)'에서는 고사이 시게스케(香西成質)[33]라는 후
쿠오카 번의 병학자가 저술한 글이 우리나라에서 그간 알려진 내용과 다
른 부분이 있지만 "전체를 참고해 볼 때 이쪽저쪽을 다 드러내어 그 정상
이 비로소 밝아졌다."라고 했다. 예를 들면, 1593년 1월 벽제관 전투에서
이여송(李如松)이 패퇴한 사실, 코바야카와 타카카게(小早川隆景)가 모주
(謀主)이고 가토 기요마사(加藤淸正)와 고니시 유키나가(小西行長)는 편장

　此天地自然之理也. 故入聲之部, 合之三聲. 但有其聲四(見古音表), 而五方之音, 或有或無, 尙不
　能齊, 必欲以配三聲, 或以其無是聲也而削之, 則均是不達者也云.]"

33) 고사이 시케스케의 스승인 가이바라 엣켄(貝原益軒)은『징비록』일본판을 1695년 교토
　에서 출판하면서 도요토미 히데요시를 침략자라고 비난하는 내용의 서문을 붙인 바 있
　고, 조선의 초등 입문서인『類合』을 높이 평가해『朝鮮國正本千字類合』을 출판했다. 이 엣
　켄이, 제자가 쓴 초고를 조선통신사에게 전달한 것 같다. 이후 한치윤의『해동역사』에도
　이 문헌이 인용되었다. 김시덕,「조선후기 문집에 보이는 일본문헌 격조선론에 대하여」
　참조.

(偏將)이었다고 확인했다.

이익은 고염무(顧炎武)의 『일지록』을 참조하면서도 『일지록』과는 상이하게 독특한 자기 방법을 구축하려 했다. 『성호사설』은 단순한 '유서'가 아니라 사실의 논증을 겸비한 '잡고'로서, 고실장고(故實掌故)를 다룰 때 현실의 제반 문제와 직접 연관시켜 여러 '제안'을 하고 있다. 그 내용은 ⓐ기견(己見)의 단순진술, 자설(自說)의 비판 수정, ⓑ외교와 변비(邊備)에 관한 정보 집적과 정책 제안, ⓒ청조 정치와 문화에 대한 초보 인식의 피력, ⓓ『여지승람』의 보완과 역사지리의 논증, ⓔ동요(童謠)의 정치적 기능 중시, ⓕ민생과 은(銀) 소비에 관한 원려(遠慮) 등으로 이루어져 있다.

서유구(徐有榘)의 『임원경제지(林園經濟志)』는 특히 관찰과 분석을 중시하게 된 기점에서 이루어진 백과사전으로서 매우 큰 가치를 지닌다.[34] 서유구는 1806년 이후 향촌에서 목격한 자료와 수집한 문헌자료를 정리하기 시작해서 순조 27년(1827)에 이 책을 완성했다. 모두 113권 52책 250여만 자에 달하는 이 책은 전체를 16부분으로 나누었으므로 『임원십육지(林園十六志)』 또는 『임원경제십육지(林園經濟十六志)』라고도 한다. 홍만선(洪萬選)의 『산림경제(山林經濟)』 등 한국과 중국의 저서 900여 종을 인용하여 일정한 분류체계에 따라 정보자료를 조직한 유서 형식의 편저이되, 천·지·인의 '세계' 전체를 대상으로 하지 않고 향촌의 일만을 대상으로 삼았다. 또한 기존의 문헌에서 논평 없이 자료를 취하여 집성하는

---

34) 심경호, 2011, 「『임원경제지』의 박물 고증 방식과 문명사적 의의」, 심경호 외 3명, 『풍석 서유구와 임원경제지』, 소와당, pp.159~252. 서울대학교 규장각에 필사본이 있고, 그 轉寫本이 고려대학교 중앙도서관에 있다. 또한 달성서씨의 家藏 원본인 自然經室藏의 罫紙에 필사한 31책이 일본 오사카시립도서관에 소장되어 있다.

것이 아니라, 서유구 자신이 기왕에 엮은 『금화경독기(金華耕讀記)』를 대폭 활용하는 동시에 새로운 논변을 첨부하여 고증적 특성을 강화했다. 따라서 이 책은 『사고전서(四庫全書)』가 말하는 잡고(雜考)의 성격이 뚜렷하다. 『임원경제지』를 편찬하면서 서유구는 '체례'를 중시하여, 그 예언(例言)에서 찬술 이유와 찬술 방식 및 체재에 대해 조목을 들어 설명했다. 편의상 서수(序數)로 표기하여 제시하면 다음과 같다.[35]

첫째. 무릇 밭 갈고 길쌈하며 씨뿌리고 곡물 심는 기술과 마시고 먹으며 가축 기르고 사냥하는 방법은 모두 향촌에 거처하는 때에 필수적인 일들이다. 기후를 점쳐서 농사일에 나서고 터를 살펴서 집짓는 곳을 고르는 일이라든가, 재물을 늘리고 생계를 경영하며 기물을 갖춰서 제 때에 잘 이용하는 절도도 또한 마땅히 있어야 하므로, 지금 수집하고 채록한다. 이렇게 해서 먹고 사는 근본은 갖추어졌다고 해도, 향촌에 거처하면서 맑게 자신을 수양하는 선비가 어찌 그저 입과 배만 기를 수 있겠는가? 문예를 충분히 연마하고 문방사우로 일정하게 연습을 하는 일이라든가 정신을 이양(頤養)하는 방도는 그만 둘 수 없는 것이고, 의술과 약방은 곤궁한 초가에 사는 사람들

---

35) 一. 凡耕織種植之術, 飮食畜獵之法, 皆鄕居之需也. 占候以勸農, 相基以卜築, 及夫殖貨營生, 庀器利用之節, 亦所宜有, 故今所蒐探也. 食力固備矣, 居鄕淸修之士, 豈但爲口腹之養哉? 藝苑肄習, 文房雅課, 以及頤養之方, 所不能已者. 至如醫藥, 爲窮蔀備急之用, 吉凶等禮, 正宜略加講行者, 故亦竝蒐採焉. 一. 吳人之生也, 壤地各殊, 習俗不同, 故一應施爲需用, 有古今之隔, 有內外之分, 則豈可以中國所需, 措於我國, 而無礙哉? 此書專爲我國而發, 故所採, 但取目下適用之方, 其不合宜者, 在所不取. 亦有良制, 今可按行, 而我人未及講究者, 竝詳著焉, 欲後人之倣而行也. 一. 分別部居爲志者十六, 此綱也. 於各志之內, 有大目領之, 大目之下, 有細條以從之, 於此細條之下, 乃按群書而實之, 此乃例也. 旣搜群書, 自多浩穰, 易於滾雜, 故撮其書旨, 立爲標題, 或三四字, 或多字, 安於其首加圈, 仍實以所搜之書, 書末塡以書名焉. 一. 大目則先實以書, 而尾塡書名. 若於小注, 則先標書名焉. 一. 所引書中, 或有字義難解者, 注其音義, 加案字以別之.

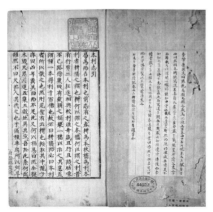

일본 오사카부립도서관 필사본(自然經室 인찰공 책지 필사) 서유구 『임원십육지(林園十六志)』「본 리지 인(本利志引)」 장1a.

이 급변에 대비하는 용도가 있고, 길례나 흉례 등의 의례는 정히 마땅히 대략 강구하여 실행해야 하는 것이므로, 둘 다 모두 수집하고 채록한다.

둘째. 우리 사람이 태어나 살아가면서는 지역 풍토가 각각 다르고 습속이 같지 않으므로, 한결같이 필수의 소용으로 삼는다고 해도 옛날과 지금의 간격이 있고 안과 밖의 분별이 있으니, 중국에서 필수적이라고 해서 우리나라에 조처한다면 어찌 아무 장애가 없을 수 있겠는가? 이 책은 오로지 우리나라를 위한 동기에서 엮었으므로, 채집함에 있어 다만 목하에 적용하는 방도만을 취했고, 목하에 적합하지 않는 것은 취하지 않았다. 역시 좋은 제도로서 지금 고찰해서 실행할 만한 것이 있거늘 지금 우리들이 미처 강론하고 궁구하지 못한 것이 있으면 아울러 상세하게 기록해 두어서, 후대의 사람들이 이를 본떠서 실행하게 되기를 바란다.

셋째. 사항들을 구분해 나누어 부(部)에 따라 분류해서 지(志)를 만든 것이 열여섯이니, 이것은 강(綱)이다. 각 지(志)의 안에는 대목(大目)으로 전체를 거느리게 하고 대목의 아래에는 세조(細條)로 그 대목을 따르게 했으며, 이 세조의 아래에 있어 뭇 서적들을 고찰해서 채워넣었으니, 이것이 바로 예(例)이다. 많은 서적들로부터 수집하고 보니, 저절로 호한(浩瀚)하고 풍양(豐穰)하여 한데 뒤섞여 잡박하게 되기 쉬우므로, 그 서적의 취지를 초촬(抄撮)해서 표제(標題)로 삼되, 혹은 석자나 넉자, 혹은 그보다 많은 글자를 사용하여, 그 첫머리에 놓고서 동그라미를 가한 후, 이어서 수집한 서적 자료로 채우고, 서적 자료의 끝에 서명을 메워둔다.

넷째. 대목(大目)은 먼저 서적 자료로 채우고 끝에 서명을 메워둔다. 소주(小注)의 경우에는 먼저 서명을 표시한다.

다섯째. 인용한 서적 가운데 혹 자의(字義)를 풀이하기 어려운 것이 있으면 그 음의(音義)에 주(注)를 하고, '안(案)'이란 글자를 가하여 구별해둔다.

여섯째. 서적 자료를 인용해서 채워둔 뒤, 그 가운데 혹 논변해야 할 것이 있으면 '안(案)'이란 글자를 가하여 주(註)를 하고 또 광(匡)을 가하여 구별해둔다.

『임원경제지』는 농업, 경제 정책과 사대부의 이상적 농촌생활에 관해 논했으므로, '경세(經世)의 서'이자 '탐구의 저술'이며 한거(閑居)의 가치를 발견한 교양서의 특성을 지닌다. 관념적 분류체계를 적용하여 문헌지식을 정리하는데 그친 것이 아니라. '우리나라를 위한다'는 목적의식에 따라 실용성이 높은 문헌자료와 경험 사실을 집성했으며, 현실에 적용될 수 있는 삶의 방식을 모색하는데 목표를 두어 한국의 사례와 중국의 사례를 '비교'하여 변증는 방법을 의식적으로 활용했다.

서유구는 농촌에 거처하는 사대부층의 이상적인 삶을 제시하는 과정에서 향촌 사회의 구성원 전체가 삶의 조건을 개선하는 방안을 탐색했다. 즉, '향거양지(鄕居養志)'를 위해 검토한 많은 사안들은 향촌의 구성원 대다수에게 공통된 생활조건의 문제를 탐색하는 방향으로 확장될 여지가 있었다.

이로써, 이익(李瀷)의 『성호사설』부터 이규경(李圭景)의 『오주연문장전산고(五洲衍文長箋散稿)』에 이르기까지, 천문·역법·역사·지리·문학·음운·종교·풍속·언어·고사 등 갖가지 영역의 사실을 기록하고 변증한 작은 미셀러니들을 집적하고 어떤 체계를 지향했던 유설들이 한국의 지성사를 다채롭게 만들었다. 이 유설들은 개별적인 사물들에 모두 지극한 이치가 담겨 있다고 보는 성리학의 관점을 계승하되, 일상응연의 인륜 문제나 이기(理氣)·성명(性命) 등 추상 개념에 대한 기존의 논의를 집적하는 데 머물지 않았다. 생활세계의 각종 사항에 대해 문헌 정보와 경험 사실과 비교하여 분석하는 '탐구의 학'을 발전시켰다. '탐구의 학이' 발전함에 따라 조선후기의 필기잡록도 연역적(演繹的) 배치 구성을 도입하게 되고, 인물록(人物錄)이나 당론서(黨論書)는 인물 평가와 사건 해석을 위해 입체적, 종합적 시각을 채용하게 되었다고 말할 수 있다.

5. 조선후기 물명어휘집, 유서, 유설, 비고의 구조적 한계

조선후기에 이루어진 물명어휘집, 유서, 유설, 비고는 '지식의 재분절' 사실을 반영하는 매우 중요한 지적 연찬 결과물이다. 다만, 한계도 있다는 점을 간과해서는 안된다.

1) 문헌자료 인증 때 출전 명기의 불철저

이수광은 범례에서 『지봉유설』에 348가(家)의 서적을 인용하고 별권(別卷)에 그 목록을 제시한다고 했다. 현전본에는 별권이 없다. 그 20권 10책에서 서명이나 서명의 약어를 들어 인용한 것은 우리나라 서적 43종, 중국 서적 290여 종에 달하여, 범례에서 밝힌 수와는 들어맞지 않는

다. 인용의 서명을 밝히지 않은 서적도 상당수 있고, 또 실제로는 중국의
유서·총서나 필기잡록 등에서 전재한 것도 상당히 많은 듯하다.

이를테면 서목에는『진기(晉紀)』(남조 宋나라 吳興太守 王韶之 撰)의 예
와 같이, 당시 열람할 수 없었던 서명도 나온다. 당나라 노언(盧言)의『노
씨잡설(盧氏雜說)』도 당시에는 산일(散逸)되었으므로『태평광기』로부터
전재했을 가능성이 있고, 남송 심회원(沈懷遠)의『남월지(南越志)』는『설
부(說郛)』의 집본(輯本)을 참고했을 것이다. 섭몽득(葉夢得)의『옥간잡서
(玉澗雜書)』도『설부(說郛)』에 들어 있다. 이수광은 유서의 서명도 다른 서
적들의 서명과 마찬가지로 그대로 기재해 두었는데,『설부』는 그 하나이다.

또한 이수광은 참고한 판본을 밝히지 않았다. 이를테면 유서의 하나
인『사문유취(事文類聚)』는 어떠한 판본을 사용했는지 확인할 수 없다. 앞
서 보았듯이『사문유취』는 원, 명을 거치면서 거듭 증보되었고, 조선에서
도 간행된 바 있다. 이수광은 오(吳)나라 이구화(李久華)의『연수서(延壽
書)』를 인용했는데, 원나라 이붕비(李鵬飛)가 집성한『삼원연수참찬서(三
元延壽參贊書)』계통의 판본을 보았을 가능성이 높다.「황석공기(黃石公
記)」는『삼략(三略)』을 가리키는 듯하다.[36) 또한 이수광은 도가류 자료로
「노씨성기도략(老氏聖紀圖略)」과「내관정정도(內觀靜定圖)」를 거론했는데,
앞의 것은「대도연원노씨성기(大道淵源老氏聖紀)」, 뒤의 것은「초진내관
정정지도(初眞內觀靜定之圖)」로, 모두『청정경(淸靜經)』의 원나라 도사주

---

36) 史志에 黃石公記三卷, 黃石公略注三卷, 黃石公陰謀乘^乖魁剛行軍秘一卷, 黃石公神光輔星秘訣
一卷, 兵法一卷, 三鑒圖一卷, 兵書統要一卷 등이 나오지만 모두 전하지 않는다. 이에 비해
黃石公의 저서라고 전하는 '三略'은『隋書』「經籍志」에 처음 書名이 나오고, 후대인이 황
석공에 가탁하여『三略』을 엮은 것이 전한다.

본(道士註本)에 실린 것을 참조했을 듯하다.[37)]

　　이수광은『지봉유설』에서 서명을 때때로 오기(誤記)했다. 권1 시령부 (時令部) 세시(歲時)에 나오는 '차곡전서(差穀全書)'는 '차곡기서(差穀奇書)'의 오기이다.[38)]『천경당서복(千頃堂書目)』에 "차곡기서 15권"으로 되어 있다. 이 책은 남송 진원정(陳元靚)이 엮은 술수류 서적으로, 명나라 때는『유편음양비용차곡기서(類編陰陽備用差穀奇書)』라는 서명으로 유포되었다. 이러한 술수류 서적들은『산림경제(山林經濟)』등 조선후기의 유서와 책력(册曆)의 길흉 표시에도 깊은 영향을 끼쳤다. 한편 권2 제국부(諸國部) 외국(外國)에서는 '이문지(異聞志)'로부터 인용한 부분이 있다. 같은 이름의 서적은 발견되지 않고, 인용 내용은 이세진(伊世珍)의「낭현기(嫏嬛記)」및 구양현(歐陽玄)의「규거지(暌車志)」의 내용과 일치한다. 두 문헌은『설부』에 수록되어 있다.[39)]

---

37) 『淸靜經』의 판본은『道藏』가운데 7종의 판본이 들어 있다. 唐末五代 杜光庭註本, 宋代 王玠註本, 金나라 世宗 때 侯善淵註本, 원나라 世祖 때 李道純註本, 원나라 때 無名氏註本, 원나라 道士註本, 원나라 王元暉註本 등이 그것이다. 이 가운데 道士註本은 有註無經으로, 맨 먼저「大道淵源老氏聖紀」를 싣고 다음으로「混元三寶之圖」,「初眞內觀靜定之圖」,「金丹大道之圖」를 실었다. 臺灣輔仁大學宗敎學系道敎組『淸靜經』해제 참고.

38) 『稗編』卷六十四 草木子「差穀」, "差穀, 古有其說也. 其法最善. 古惟有剛柔二. 日內事用柔, 日外事用剛. 日及, 漢用賈義制, 伐德五日. 其法以六十甲子, 以上下生尅推之, 猶未離乎二氣五行者也. 及唐百忌曆行, 其拘忌愈繁, 陰陽愈亂, 吉凶愈無憑也. 惑世誣民於斯爲甚. 識者取其昭然有理者可也, 不必盡法也."

39) 『五洲衍文長箋散稿』天地篇 天地雜類 鬼神說 '鬼神媒證說'도 같은 내용을 수록하면서 '異聞志'로부터의 인용이라고 명시했다. 심경호, 2012,『한국한문기초학사』(증보) 제2책, 태학사.

2) 기존 문헌 자료의 도습(蹈襲)

영조 때『동국문헌비고』가 관찬된 이후, 일반 지식인들더 전장제도
를 분류하여 정리했다. 그런데 그 가운데 일부는 '새로운 정리'가 아니라
'도습'의 결과물이다. 이를테면 정조 말에 나온 편자 미상의『문헌고략(文
獻攷略)』(장서각 소장) 20권은 그 한 예이다.[40] 편찬자는 알 수 없으며, 간
행되지도 않았다. 국조(國朝)·사전(祀典)·사대(事大)·관직(官職)·정교(政
敎)·문예(文藝)·천문(天文)·지리(地理)·변어(邊圉)·역대(歷代)에 관한 각
항목마다 전고(典攷)를 인용하고 그 아래에 인용서목을 기록했다. 이 분
부(分部) 방식은 이긍익의『연려실기술』별집과 완전히 일치한다. 제1권
'황조본조연표(皇朝本朝年表)'에 청나라 연표를 부기한 것, 사대전고(事大
典故)를 제5권과 제6권의 2권에 배정한 것, 「문장전고(文章典故)」의 제목
을「문예전고(文藝典故)」로 바꾼 것만 차이가 있다.

특히『문헌고략』은『연려실기술』별집의 내용과 완전히 일치한다.
『연려실기술』「문장전고」의 '언해'항은 「문예전고」의 '언해'항에 그대로
반복되었다. 「천문전고」의 '동요'항도 증보가 없다. 또한『문헌고략』은 권
20「역대전고」의 맨 마지막에 '논기화(論氣化)'의 항을 두었는데, 그 내용
은『연려실기술』별집 권19의 내용과 같다.[41]

광무 7년(1903) 박용대(朴容大)·조정구(趙鼎九)·김교헌(金敎獻)·김택
영(金澤榮)·장지연(張志淵) 등은 칙명을 받아『증보문헌비고』를 편찬하기

---

40) 한국학중앙연구원 왕실도서관 장서관 디지털 아카이브(http://yoksa. aks.ac.kr/ jsp/) 원
   문 제공.

41) 심경호, 2012,『한국한문기초학사』(증보) 제2책, 태학사.

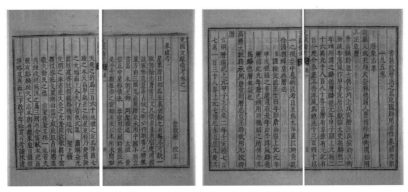

1770년 어제서 교서관인서체자 금속활자본 『동국문헌비고』
(한국학중앙연구원 장서각 소장, 국립중앙도서관 마이크로필름) 권1 장1a–b, 장2a–b

시작하여 1908년에 완성했다. 이만운의 『증정문헌비고』를 기본으로 하
되, 상위(象緯)·여지(輿地)·예(禮)·악(樂)·병(兵)·형(刑)·전부(田賦)·재용
(財用)·호구(戶口)·시조(市糴)·교빙(交聘)·선거(選擧)·학교(學校)·직관(職
官)·예문(藝文)의 16고(考)로 늘여 250권으로 편성했다. 1908년에 홍문
관 활자로 간행했다. 그러나 구체적인 내용은 영조 때의 『문헌비고(文獻
備考)』를 답습한 경우가 많다.[42] 『문헌비고』의 정식 명칭은 『동국문헌비
고(東國文獻備考)』로, 홍봉한(洪鳳漢) 등 봉교편(奉敎編), 숭정정 교(崇政殿
校)의 교서관인서체자(校書館印書體字) 금속활자본이 영조 46년(1770) 김
치인(金致仁)의 진전(進箋)과 영조의 어제서(御製序)가 작성된 직후 100권
40책으로 간행되어 나왔다.

　　『증보문헌비고』의 「예문고(藝文考)」는 20부류로 세분되어 있다. 이것

---

42) 심경호, 2012, 『한국한문기초학사』(증보) 제3책, 태학사.

은 정조 초에 이루어진 『증정문헌비고』 「예문고」의 22분목 가운데서 연보류(年譜類)와 보패류(譜牌類)를 생략하여 20분목으로 줄인 것이다. 줄인 이유는 분명하지 않다. 『증보문헌비고』 「예문고」는 『증정문헌비고』 「예문고」의 분류목을 취하면서 유별 종수를 약간 보완했다. 그러나 문집류(文集類)의 증가는 눈에 띄지 않는다. 어제류(御製類)는 오히려 수가 줄었다. 『증보문헌비고』 「예문고」는 당시 전존(傳存)하는 문헌을 면밀하게 검토하지 못했을 뿐만 아니라, 망라적으로 수집하지도 않았다. 신뢰하기 어려운 기록도 상당히 많다. 이를테면 자서류(字書類)와 초집류(抄集類)의 항목과 서지(書誌)는 기재의 오류가 있다.

ⓐ 자서류(字書類)에는 「자수(字數)」(韓構字), 「신정자수(新訂字數)」(壬辰字), 「생생자보(生生字譜)」(生生字), 『운각자수(芸閣字藪)』, 『규장자수(奎章字藪)』, 『실록자수(實錄字藪)』 등 활자보(活字譜, 字藪)를 혼입해 두고, 몽학류(蒙學類)인 이식(李植)의 『택당자훈(澤堂字訓)』과 허전(許傳)의 『자훈(字訓)』도 저록했으며, 전서시전(篆書辭典) 『몽운편람(篆韻便覽)』과 『몽해심경(篆海心鏡)』도 같은 부류에 소속시켰다.

ⓑ 『정음통석(正音通釋)』의 서지(書誌) 다음에 동월(董越) 「조선부(朝鮮賦)」의 주(註)를 소개했으나, 이 주는 한국어한자음이 중국한자음과 차이가 있고 순수한국어와 중국한자가 대응하지 않는다는 사실을 말한 것이다. 따라서 이 주는 자서류(字書類)에서는 불필요하다.

ⓒ 『협음고(마音考)』 1권은 과연 한국인 저술인지 의심스럽다.

ⓓ 김진(金搢)의 『휘어(彙語)』에 관해서는 김주신(金柱臣)의 논평을 적취해 두었으나, 그 논평은 서지 정보나 서적의 편찬 과정, 내용 등에 관해 아무 것도

알려주지 않는다.

ⓔ 자서류는 초집류(抄集類, 즉 類書部)는 모두 저록한 서적이 너무 적다.

조선후기에 출현한 유서와 유설에는 계승 관계가 일부 발견된다. 비판적 검토가 결여된 도습의 사실도 있다는 점에 유의해야 할 것이다.

3) 체계성을 훼손시키는 내용상의 잡박성

유서와 유설에 실린 조항 가운데는 민간 통서(民間通書)의 영향으로 잡박한 예도 있다. 이를테면 조선전기에 박흥생(朴興生)의 『촬요신서(撮要新書)』에는 원나라 때 유행하여 당시 일상 생활에서도 활용되었던 통서의 내용을 정리한 듯한 내용이 있다. 중국의 대중사회에서는 어떤 일이든 길흉을 점쳐서 길일을 택하여 행동해 왔는데, 그 지침이 민간 통서였다. 이것은 일종의 역서(曆書)이면서 일상의 상식을 모두 포함했다.

원나라 때 유행한 민간 통서의 전통이 조선 초까지 이어졌던 듯하다. 뒤에 홍만선(洪萬選)도 『산림경제(山林經濟)』에서 택길의 점법을 대대적으로 소개했다. 『산림경제』의 「잡방」에 '노비에게 도망할 마음이 없게 하는 법(使奴婢無逃心方)'이 있다. 조선후기의 유설은 문헌 정보와 경험 사실을 재해석하고 지식을 일정한 체계에 따라 구축하려 했지만 잡박성의 한계도 드러내고 말았다. 조선시대에 민간 통서가 고급 지식에 간섭하거나 영향을 준 사실은 앞으로 치밀하게 검토해야 할 과제이다.

6. 맺음말

조선후기의 유서와 유설은 문헌 정보와 경험 사실 등의 지식정보를 고석하고 분류함으로써 지식의 체계를 구축하려 했지만, 고석에도 일정한 한계가 있었고 체계의 구축에도 일정한 한계가 있었던 것이 사실이다.

하지만 조선후기에 지식정보를 정리하기 위해 연역적 분류 체계를 다양하게 시도하고, 문헌 자료는 물론 경험 사실을 바탕으로 지식정보를 고석했던 사실은 조선의 지식학이 성리학적 분류 체계로부터 경험적 분류 체계로 거대한 전환을 겪기 시작했다는 사실을 강력하게 시사한다. 곧 조선후기의 새로운 형태가 존재론적 재-분절로부터 탄생하기 시작했던 것이다.

정약용이 『성호사설』을 비판한 점에서 알 수 있듯이, 조선후기의 유서나 유설은 일관된 체계를 이루지 못하고 있는 것이 사실이다. 하지만 『성호사설』은 조선후기 새로운 지식 구축 방식의 단초를 연 중요한 저작물로 평가해야 할 것이다. 그것은 소학(필롤로지)의 방식과 문헌학의 방법을 도입하여 경전, 역사, 민간지식, 자연학을 연구하되, 현실의 여러 구체적 문제들을 해결하는데 참조할 수 있도록 지식을 정리하고 논리를 충분히 발전시켰다. 그리고 이러한 특징은 조선후기의 유서나 유설들이 지닌 주요한 장점이었다.

조선후기 지식인들은 분류의 문제에서 '자연의 빛'을 중시한다거나 자연종의 원리를 상상하는 것과 같은 일정한 결론에 도달하지는 못했다. 조선후기의 지식 정보와 사물을 분류하는 방식은 선험적 전제와 경험적 검증의 두 축 사이에서 진동했다. 그렇지만 조선후기 지식인들은 사물의 명료한 인식과 지식의 상호 연관을 위해 부단히 고투했으며, 그 고투에서 고루한 인습이나 권위적 논리를 부정하는 힘을 드러내었다. 더구나 이 지적 고투는 물명류, 유서, 유설, 비고의 세계에서만 '갇힌 방식으로' 순환된 것이 아니었다. 인물록, 당론서 및 총서와 같은 각각의 독립적 편찬물에서 자료들을 휘집하고 정리하는 방식에서도 공통적으로 나타났다.

앞으로 조선후기 사유의 역사에서 존재론적 재분절화가 야기한 새로운 형태의 지식체계를 객관적으로 분석하는 일이 과제로 남아 있다. 이와 함께, 조선시대에 민간 통서가 유통되어 그것이 고급 지식에 간섭하거나 영향을 준 사실도 함께 검토해 나가야 할 것이다.

〈참고문헌〉

1. 저서

金富軾, 『三國史記』(경인문화사 영인, 1995).

英祖 命撰, 『東國文獻備考』,

李瀷, 『星湖先生全集』(경인문화사 영인, 1974).

李圭景, 『五洲衍文長箋散稿』, 서울대奎章閣藏寫出本 據崔南善舊藏筆寫本(東國文化社 영인, 1958) ; 민족문화추진회, 1982『(국역) 五洲衍文長箋散稿』.

丁若鏞, 『(校勘·標點) 定本 與猶堂全書』(茶山學術文化財團, 2012).

鄭寅普, 『薝園文錄』(연세대학교 출판부, 1967 ; 정양완 역, 태학사, 2012).

正祖, 『弘齋全書』, 한국문집총간 262-7(민족문화추진회, 2001).

藤原佐世 撰, 『日本國見在書目錄』(台北: 藝文印書館, 1965).

臺灣輔仁大學宗教學系道教組, 『淸靜經』 해제.

神田喜一郞, 「解說」, 『文館詞林卷第六百六十八』(日本宮內廳書陵部, 1949).

阿部隆一·尾崎康, 「解題」, 『文館詞林 影弘仁本』(古典研究會, 1969).

羅國威 整理, 『日藏弘仁本文館詞林校証』(中華書局, 2001).

2. 논문

신상현, 「버클리대학 재물보 해제」, 고려대학교 해외한국학자료센터 제공.

심경호, 2012, 『한국한문기초학사』(증보) 1-3, 태학사.

심경호, 2005, 「정조의 경학 연구 방법에 관한 규건」, 『대동고전연구』 21, 한림대학교 태동고전연구소.

심경호, 2011, 「『임원경제지』의 박물 고증 방식과 문명사적 의의」, 심경호 외 3명, 『풍석 서유구와 임원경제지』, 소와당, pp.159~252.

심경호, 2014, 「조선후기 물명고와 유서의 계보와 그 특징: 경험사실의 분석과 분류 방법의 모색」, 심경호 외 14명, 『한국학의 학술사적 전망』 1(고전편), 소명출판.

심경호, 2017, 「성호의 사설과 지식 구축 방식(1)」, 『민족문화』 49, 한국고전번역원.

심경호, 2017, 「성호의 사설과 지식 구축 방식(2)」, 『민족문화』 50, 한국고전번역원.

심경호·이정우·이상욱, 2016, 「분류의 다양성과 원리: 지식의 탄생을 중심으로」, 『(고등과학원 초학제연구총서4) 동서의 학문과 창조』, 심경호 외 16명, 이학사.

심경호·이정우·이상욱, 2014, 「분류의 다양성과 원리: 지식의 탄생을 중심으로」, 『과학철학』 제17권 제3호, 한국과학철학회.

제2장
조선후기 저술에 나타난
『지봉유설(芝峯類說)』의 인용 양상과 특징

최 주 희*

---

* 한국국학진흥원

1. 머리말

　『지봉유설(芝峯類說)』은 17세기를 대표하는 유서(類書)류로, 이수광(李睟光, 1563~1628)이 광해군 6년(1614)에 집필하고, 인조 12년(1634)에 그의 아들 이성구(李聖求)·이민구(李敏求)에 의해 간행되었다.[1] 천문부(天文部)에서 금충부(禽蟲部)에 이르기까지 총 25부의 주제 아래 3,435개의 하위 조목을 두어 천문·자연에서부터 역사·지리·풍속에 관한 고사와 국외의 문물 정보를 망라해 놓았다.[2] 이를 위해 384가(家)의 문헌과 2,265명의 인물을 채록함으로써『지봉유설』은 당대뿐 아니라 18~19세기 조선의 지식인들 사이에 백과전서로 꾸준히 소비, 유통되었다. 선조 22년(1589)에 작성된 권문해(權文海)의『대동운부군옥(大東韻府群玉)』이나 인조 24년(1646)에 편찬된 김육(金堉)의『유원총보(類苑叢寶)』역시 16~17세기에 간행된 유서류로서『지봉유설』과 계통을 같이하지만,『지봉유설』은 후대 개인문집뿐 아니라 유서류, 사찬 역사서에 다각도로 인용됨으로써 학문적 파장이 상당하였던 것으로 이해된다.

　그간『지봉유설』은 조선시대 문화백과사전의 효시이자, 실학의 초기 흐름을 형성한 저서로 평가받아 왔다. 특히 제국부(諸國部)에서 안남국과

---

1)『지봉유설』의 板本에 관한 연구는 많지 않다. 1991년 조사된 바에 따르면, 木版本 25종(한국 18종, 중국 1종, 일본 6종 *기관·개인 포함)과 筆寫本 1종, 活字本(朝鮮古書刊行會, 朝鮮研究會本)이 남아있으며, 1970년 경인문화사에서 발간한 영인본이 다수 유통되고 있다. 판본의 간행 연대에 있어서는 두 아들에 의해 처음 간행되기 시작하여 그후 복각이 이루어졌을 것으로 추정되나 판본마다 뚜렷한 특징이 발견되지 않아 정확한 연대를 밝히기는 어렵다(최은숙, 1991,「『芝峯類說』의 書誌學的 硏究」, 이화여자대학교 석사학위논문 참조).
2) 이수광,『芝峯類說』「凡例」.

지봉유설(실학박물관 소장)

노과국(라오스) 등 외국의 지리, 풍속, 물산 정보를 소개하는 한편, 마테오 리치(利馬竇)가 저술한 『천주실의(天主實義)』의 핵심 내용을 언급함으로써 성리학 중심의 사유체계에 매몰되지 않고 변화하는 대외정세와 학문 흐름에 유연하게 대응하고자 한 점이 높이 평가되었다.[3] 또한 중국 명대에 활발하게 편찬된 유서와 총서류에 영향을 받아 사물의 현상과 기원을 밝히는 유설로서, 명물도수지학(名物度數之學)의 전통을 이끈 저술로 평가되기도 하였다.[4]

한편, 경세학적 측면에서 『지봉유설』과 『지봉집』에 담긴 이수광의 개혁사상이 조명되기도 하였다. 『지봉유설』의 군도부(君道部)를 중심으로 이수광의 경제사상을 균전절용론, 화폐론, 수차론, 무역론, 광업개발론으로 나누어 설명한 연구와 『지봉집』에 실린 「조진무실차자(條陳懋實箚子)」를 분석한 연구가 그것이다.[5] 그러나 이수광의 경세론은 제도개혁을 위한 구체적인 방법론을 담고 있지 못하다.

이수광의 경세론을 가장 잘 드러내고 있는 논설은 만언봉사(萬言封事)로 알려진 「조진무실차자(條陳懋實箚子)」이다. 이 차자는 인조 3년

---

3) 한명기, 2004, 「『芝峰類說』에 나타난 李睟光의 對外認識」, 『震檀學報』 98.

4) 안대회, 2004, 「이수광의 『芝峯類說』과 조선후기 名物考證學의 전통」, 『震檀學報』 98.

5) 반윤홍, 1975, 「芝峰 李睟光의 政治 經濟思想」, 『史學研究』 25 ; 서인원, 1990, 「芝峯 李睟光의 經濟思想」, 『동국역사교육』 2.

(1625) 이수광이 대사헌으로 재직 당시 올린 상소문으로, 근학지실(勤學之實), 정심지실(正心之實), 경천지실(敬天之實), 휼민지실(恤民之實), 납간쟁지실(納諫諍之實), 진기강지실(振紀綱之實), 임사대지실(任事大之實), 양현재지실(養賢才之實), 소붕당지실(消朋黨之實), 칙융비지실(飭戎備之實), 후풍속지실(厚風俗之實), 명법제지실(明法制之實)로 구성되어 있다. 각 장을 통해 이수광은 각종 세금의 감면, 진휼의 확대, 내수사 폐지, 방납 조등의 폐단 제거, 균전제 실시 등을 주장하고, 화폐경제의 활성화를 개진하였다.[6] 그러나 이 역시 분량이 얼마되지 않는 상소문에 그치고 있어 유형원이 공전제(公田制)를 바탕으로 국가재정 전반을 개혁하고자 설파한『반계수록』에 비견한다면 구체성이 떨어진다. 그럼에도 불구하고『지봉유설』이 조선후기 학문사상계에 미친 영향은『반계수록』에 비할 바가 아니다.

　『지봉유설』은 19세기까지 당색을 넘어 지식인들 사이에 스테디셀러로 자주 읽히고 인용되었다. 임진왜란기 전쟁의 참상을 목도하고 중국사행을 통해 해외 문물을 습득함으로써 이수광은 국내 지식인들이 접하지 못한 방대한 지식정보를『지봉유설』이라는 유서류에 집적하였다. 이에『지봉유설』은 후대 지식인들 사이에 권위 있는 참고서로 활용되었으며, 파편화된 지식을 집적, 분류, 재구성하는 방법론을 제시함으로써 조선후기 유서류의 전통을 확립하는 데 중요한 전기를 마련하였던 것으로 이해된다. 문제는『지봉유설』이 조선후기 지식인들에게 어떻게 활용되고 있었는지에 대해 본격적으로 검토한 연구는 많지 않다는 점이다.

---

6) 이만열, 1975,「芝峯 李睟光 硏究(二) - 그의 社會思想을 中心으로 - 」,『淑大論文集』15.

최근『지봉유설』의 고증학적, 박학적 글쓰기가 후대『성호사설』이나 『오주연문장전산고』의 편찬에 많은 영향을 주었다는 연구가 발표되었으며,[7]『성호사설』과『송남잡지』에 나타난『지봉유설』의 인용 양상을 검토한 연구도 학계에 소개되었다.[8] 후자의 경우『성호사설』에 인용된『지봉유설』의 텍스트는 7건에 불과하여 영향 관계를 규정하기가 어렵다는 비판적인 견해를 제기하기도 하였다. 다만, 이수광이『성호사설』을 집필하기 전『지봉유설』을 소장하고 숙독한 사실 자체는 부인할 수 없을 듯하다.[9] 더욱이『지봉유설』은 기존 연구에서 언급한 몇 가지 저술 외에도 다양한 저술에서 인용되고 있었다. 따라서『지봉유설』의 사상사적 의의를 설명하기 위해서는 18~19세기『지봉유설』을 직접적으로 언급하고 있는 저작들을 전체적으로 조망하고, 누구에 의해 어떠한 내용이 인용되고 있었는지를 우선적으로 검토할 필요가 있다.

이에 본고에서는 이수광이『지봉유설』을 편찬하게 된 배경과 편찬방식상에 나타나는 특징을 개괄적으로 살펴보고,『지봉유설』이 이후 조선후기 지식인들 사이에 어떠한 방식으로 인용되고 있었는지 시기별 흐름을 정리해보도록 하겠다. 이러한 작업이 소기의 성과를 거둘 경우, 17세기 유서류가 조선후기 지식사회에 어떠한 장기적 파장을 불러 일으켰는지 설명할 수 있는 계기를 마련하리라 생각한다.

---

7) 신병주, 2014,「조선후기 백과사전의 저술과『五洲衍文長箋散稿』」,『震檀學報』121.

8) 강민구, 2011,「『星湖僿說』의『芝峯類說』,『松南雜識』의『芝峯類說』,『星湖僿說』인용 양상에 대한 연구」,『漢文學報』24.

9) 강민구, 위의 논문, 498쪽.

2. 『지봉유설』의 편찬 배경과 항목 구성

이수광은 『지봉유설』의 자서(自序)를 통해 책을 편찬하는 의도를 분명히 밝히고 있다.

우리나라는 예의의 나라로서 중국에 알려졌으며, 박학하고 아존(雅尊)한 선비가 거의 뒤를 이어 나왔건만, 전기(傳記)가 없음이 많고, 문헌에 찾을 만한 것이 적으니 어찌 애석하지 않은가. 대체로 역대의 소설이나 여러 가지 서적이 있는 것은 고실(故實)을 듣고 고증함이 많게 하는 데에 도움을 주고자 하기 때문이니 또한 그 효용이 적다고 할 수 없다. 전조(前朝)의 『보한집』, 『역옹패설』, 아조(我朝)의 『필원잡기』, 『용재총화』 등 열두어 사람의 것이 있음에 지나지 않으며, 그 동안에 세상에 전하여야 할 사적들은 거의 다 사라져 버렸다. 보잘 것 없는 지식으로 어찌 감히 망령되이 책을 저술하는 축에 들기를 흉내낼 수 있겠는가. 오직 한두 가지씩을 대강 기록하여 잊지 않도록 대비하려는 것이 진실로 나의 뜻이다.

이수광은 우리나라 역대 인물의 전기와 고사, 사적들에 관한 기록이 많이 남아 있지 않은 것을 애석하게 여기고 이를 보완할 문헌자료와 자신의 견문(見聞)을 일목요연하게 정리하였다.[10] 총 25부로 구성된 『지봉유설』의 편목을 살펴보면, 천·지 자연에서 국가·제도, 사상·문학, 인물·성품, 의례·풍속, 화훼·금수 등에 이르기까지 자연의 사물, 현상과 인간

---

10) 강민구, 2011, 「조선 3대 유서(類書)의 형성(形成) 경로(經路)에 대한 연구」, 『東方漢文學』 47.

사회의 제도, 문물이 망라되어 있다. 이수광은 각 주제마다 중국의 문헌을 1차로 고증한 뒤 우리나라의 저술과 자신이 전해들은 고사를 간략히 소개하고 짧은 논평을 덧붙이는 방식으로 글을 작성하였다. 특히, 임진왜란 당시 자신이 몸소 겪었거나 민간에 잘 알려진 사실을 기록해 두는 한편, 임진왜란을 전후로 변화된 제도와 사회상을 정리해 놓았다.

이수광은 그의 나이 30세가 되던 1592년 경상방어사 조경(趙儆, 1541~1609)의 종사관으로 참전하였다가 금산 지역에서 이일(李鎰)의 군대가 수세에 몰리자 적진을 피해 가까스로 빠져나와 목숨을 구했다. 또 피란길에 오른 노모의 생사를 확인하기 위해 선유어사(宣諭御史)의 자격으로 마천령을 넘어 명천 땅까지 올라가서는 격문을 지어 함경도 백성들을 교화시키는 등의 우여곡절을 겪었다.[11] 이처럼 전장에서 아병이 패퇴하고 가족이 흩어지는 고통을 겪은 이수광은 『지봉유설』에 임진왜란에 관한 생생한 기록을 담아냈다.

예컨대, 지리부에서 운봉의 팔량현에 위치한 혈암(血巖)을 두고 "임진년에는 바위에서 피가 흐르더니 왜구가 왔다"는 이재(異災)를 소개하거나[12] 왜구의 침략으로 쌀값이 폭등하여 부자(父子), 부부(夫婦)가 서로 잡아먹는가 하면 왜병이 물러간 후 굶어 죽은 시체가 성안에 가득한 상황을 고스란히 적어 놓았다.[13] 또 인물부에서는 절의를 지킨 자로 임진왜란에 참전한 의병장 조헌(趙憲)과 고경명(高敬命), 동래부사 송상현(宋象賢), 통제사 이순신(李舜臣), 함안군수 조종도(趙宗道)를 거론하였다. 특히 적

---

11) 『계곡선생집』 권15, 「행장」.
12) 『지봉유설』 권1, 지리부, 「산」
13) 『지봉유설』 권1, 이재부, 「기황」

병으로부터 자신을 보호해 준 금천의 역노(驛奴) 연풍이란 자에 대해서는 그의 행적을 자세하게 수록하였다. 또한 열녀에 있어서도 임진왜란 당시 절개를 지키기 위해 자결한 이름 없는 부녀들의 일화를 소개하였다.[14]

병정부에서는 임진왜란의 승전 요인을 수군의 활약과 전함제도의 개선(거북선)에서 찾는 한편, 통제사 이순신의 등용에 대해서도 높이 평가하였다. 다만, 임진왜란 이후 조선의 병제에 대해서는 3도의 병선이 90척에 불과하고, 왜변을 겪은 뒤로 18만 명의 병력이 6만 명으로 줄어든 점을 지적하면서 양병(養兵)에 앞서 백성의 생활을 안정시킬 것을 강조하였다.[15]

〈표 1〉『지봉유설』의 편목

권수	편수	편명	조목
1	1	天文部	천, 일월, 성, 풍운, 우설, 홍, 뇌, 화
	2	時令部	세시, 절서, 주야
	3	災異部	재생, 기황, 인이, 물이
2	4	地理部	지, 산, 수, 해, 도, 정 전
	5	諸國部	본국, 외국, 북로, 국도, 군읍, 풍속, 도로
3	6	君道部	제왕, 세대, 정치, 제도, 법금, 용인, 청간, 상공
	7	兵政部	정벌, 병기, 병제, 구적, 민호
4	8	官職部	관제, 제배, 상신, 장수, 학사, 사관, 사신, 수령, 과목, 치사
5	9	儒道部	학문, 심학, 과욕, 초학, 격언
6	10	經書部 1~3	1: 역경, 시경, 서경, 예기, 춘추, 주례
7			2: 논어, 맹자, 중용, 대학, 제전, 제자, 제사
			3: 서적, 저술
	11	文字部	문의, 자의, 자음

---

14)『지봉유설』권15, 인물부, 「절의」·「열녀」

15)『지봉유설』권3, 병정부, 「정벌」·「병기」·「병제」

8			1: 문, 문체, 문평, 고문, 사부, 동문, 문예
9			2: 시, 시법, 시평
10			3: 어제시, 고악부, 고시, 당시
11	12	文章部 1~7	4: 당시
12			5: 당시, 오대시, 송시, 원시, 명시
13			6: 우리나라시
14			7: 방류시, 규수시, 기첩시, 가사, 여정, 애사, 창화, 대구, 시화, 시참, 시예
15	13	人物部	성현, 사우, 군자, 소인, 인재, 절의, 열녀, 부인, **척환**
	14	性行部	선악, 염결, 검약, 염퇴, 음덕, 사치, 탐색, 실절
	15	身形部	용모, 심신, 외형, 모발, 몽매
16	16	語言部	잡설, 속언, 방언, 류오, 해학
17	17	人事部	혼취, 생산, 수요, 질병, 사망, 상장, 제사, 교제
	18	雜事部	성족, 명호, 수명, 고실, 이문, 징응
18	19	技藝部	서, 방술, 잡기, 음악, 기악, 무격
	20	外道部	선도, 수양, 예문
19	21	宮室部	궁전, 사묘, 학교, 사찰, 성곽, **능묘**
	22	服用部	관건, 의복, 조장, 채폐, 기용, 금보
	23	食物部	식이, 주, 곡, 채, 과, 약
20	24	卉木部	화, 초, 죽, 목
	25	禽蟲部	조, 수, 인, 충치

『지봉유설』에서 보이는 또 다른 특징은 이미 기존 연구를 통해 언급되었듯이, 후대의 다른 유서류에서 찾아보기 힘든 외국의 다양한 지리정보를 수록하고 있는 점이다. 앞의 〈표 1〉에서 제국부의 외국편에는 안남국, 유구국, 삼불제, 조법아국, 점성, 섬라국, 일본, 모인국, 진랍국, 조와, 고리대국, 만랄가, 방갈라, 석란산, 유산, 살마아한, 천방, 갈석, 토로번, 흑루, 합렬, 우전대국, 화주, 노진, 홀로모사, 역사파한, 아속, 주연국, 서번, 팽형, 여송, 아로, 감파리, 서역, 숙신씨국, 패리국, 양운국, 구막한국, 일군국, 철전, 우제돌궐, 구국, 북황, 회회국(아라비아), 나양국, 불랑기국(포르투칼), 남번국(네덜란드), 영길리국(영국), 구라파국, 호인국 등의 지리와

안남 사신   서양인의 모습

풍속 정보를 소개하고 있다.[16] 이는 이수광이 세 차례의 사행(使行)을 계기로 중국으로 유입된 서양의 제도문물, 지리정보를 익히면서 대외인식이 확장된 결과로 이해할 수 있겠다.

　이수광은 선조 23년(1590) 성절사(聖節使)의 서장관으로 차출되어 북경에 다녀왔으며, 선조 30년(1597)에는 중국 황실의 황극전이 불타자 이를 위무하기 위한 진위사(進慰使)로 파견되었다. 또 광해군 3년(1611)에는 세자의 관복을 주청하는 사행에 부사로 임명되어 북경에 다녀왔다. 이 과정에서 안남(安南), 류구(琉球), 섬라(暹羅)의 사신들과 교유하여 그의 문장이 안남과 교지에 전파된 것은 널리 알려진 사실이다.[17] 또 선조 36년(1603) 무렵 그가 홍문관 부제학으로 있을 때 이광정, 권희가 중국에서 가지고 온 구라파국의『여지도』6폭을 보고 서역과 중국, 일본의 60주는

---

16) 김문식, 2004, 「이수광의 자아인식과 타자인식」, 『震檀學報』 98 ; 이경희, 2011, 「『지봉유설(芝峯類說)』에 나타난 이수광의 세계 인식 - 외국부(諸國部) 외국조(外國條) 기사를 중심으로 - 」, 『문명교류연구』 2.
17) 『계곡선생집』 권15, 「행장」.

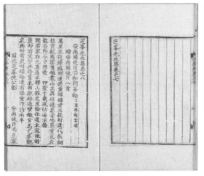
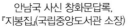

안남국 사신 창화문답록,
『지봉집』(국립중앙도서관 소장)

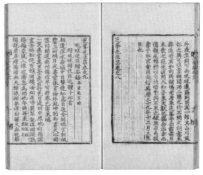

유구 사신 증답록,
『지봉집』(국립중앙도서관 소장)

물론 우리나라 팔도를 정교히 묘사한 점을 보고 감탄한 바 있다.[18]

이처럼 신문물을 폭넓게 접할 수 있었던 이수광은 『지봉유설』의 경서부와 문장부를 기술하는 방식에 있어서도 기존 성리학자들과 다른 차별성을 만들어 냈다. 물론 『지봉유설』에서 경서부와 문장부가 차지하는 비중이 큰 것이 사실이다. 이는 그 자신이 성리학적 경전을 바탕으로 시문의 제술에 탁월한 재능을 보였던 점과 무관하지 않다. 정두경(鄭斗卿)은 그의 문집에서 국조의 시체(詩體)를 논할 만한 자로 당풍(唐風)을 견지한 이수광을 들고 있다.

국조(國朝)의 시체(詩體)가 비록 서로 같지 않으나 대개 당풍과 송풍이 뒤섞여 있는데, 송풍이 더 많다. 가정과 만력 연간에 최고죽(崔孤竹), 백옥봉(白玉峯), 이손곡(李蓀谷) 세 사람이 당풍으로 자임하였다. 내가 그들의 시를 보니 기력(氣力)과

18) 『지봉유설』 권2, 제국부, 외국.

조격(調格)은 비록 미치지 못하는 점이 있었으나, 당풍을 닮지 않았다고 할 수 없었다. 이 세 사람 이후로 이지봉(李芝峯)이란 사람이 뒤를 이어 나왔는데, 그의 시 역시 최고죽이나 이손곡의 체(體)였다. 이지봉 이후에 신군택(申君澤)이 뒤를 이어 나왔는데, 그의 시는 맑고 아름다워 맛이 있었다. 그러니 군택은 참으로 이지봉과 어깨를 나란히 한 사람이다.[19]

그러나 당대 성리학자들이 유교경전을 집주(集註)하고, 시문을 찬술하는 방식과『지봉유설』의 집필 방식은 사뭇 다르다. 경서부에서 이수광은 오경과 사서뿐만 아니라『주례』,『도덕경』,『장자』,『열자』,『관자』,『회남자』등 중국 고대 제자(諸子)들의 격언을 고증하고 짤막하게 평을 달아 놓았다. 또 제사(諸史)에서는 주로『사기(史記)』의 기사를 발췌한 뒤, 다른 문헌을 참고하여 서술의 진위와 오류를 꼼꼼하게 지적하였다.

마지막으로『지봉유설』에는 명물도수에 속하는 식물부, 훼목부, 금충부를 25부에 포함시키고 곡식, 술, 채소, 과일, 약재와 같은 먹을거리는 물론 우리나라 산천에서 나고 자라는 화훼, 대나무, 초목과 새, 짐승, 물고기, 벌레 등에 대한 정보를 기술해 놓았다. 동시대 잠곡 김육(金堉)의『유원총보(類苑叢寶)』가 중국 송나라의 축목(祝穆)이 편찬한『사문유취(事文類聚)』를 본떠 중국의 주요 유서 내용을 채록하는 데 집중했다면,[20]『지봉유설』은 중국의 문헌 뿐아니라 우리나라의 역사, 풍속, 지리에 관한 다양한 정보와 임진왜란의 참상, 해외 각국의 지리, 풍속 정보를 수록하는 데에 역점을 두었다

---

19) 정두경,『동명집』권11,「申泥翁詩序」

20) 김육,『유원총보』「유원총보서」·「범례」.

고 할 수 있다. 그러면 이처럼 새로운 지식정보와 분류 체계를 갖춘『지봉유
설』은 조선후기 지식인들에게 어떻게 받아들여졌을까. 다음 장에서는 『지
봉유설』이 조선후기 저술에 어떻게 인용되고 있었는지 살펴보기로 하겠다.

3. 시기별 저술에 나타난 『지봉유설』의 인용 양상

『지봉유설』은 조선후기『조선왕조실록』과『승정원일기』,『일성록』,
『국조보감』과 같은 관찬 사료에도 언급되었다.『지봉유설』이 실록 상에
처음 등장하는 것은 숙종 20년(1694) 무렵이다. 숙종 19년에 울산의 어부
40여 명이 울릉도에 배를 대었는데, 왜인이 배를 대고 박어둔(朴於屯)·안
용복(安龍福) 2인을 잡아가는 일이 발생했다. 대마도에서는 정관 귤진중
(橘眞重)을 통해 박어둔 등을 돌려보내면서 우리나라 사람이 죽도(竹島)
에서 고기 잡는 것을 금해줄 것을 청하는 서계를 조선정부에 보냈다.[21]
이 사건이 있은 후 조정에서는『지봉유설』에 실린 의죽도가 바로 울릉도
라는 기사를 활용하여 이를 반박하는 답서를 보냈다.

영조 17년(1741)에는 성균관 유생들이 거재(居齋)할 때와 부거(赴擧)
할 때 홍단령 대신 푸른색 옷을 입으려고 하자, 영의정 김재로가『지봉유
설』을 인용하면서 "우리나라 유사(儒士)들은 사사로이 출입(出入)할 때에
홍직령(紅直領)을 착용하였는데 명종 말년에 연이은 국상을 당하자 흰 옷
을 입는 것이 습관이 되었고 그대로 풍속을 이루게 되었다"고 하면서 홍

---

21) 『숙종실록』 권26, 숙종 20년 2월 23일(신묘).

단령의 착용을 주장하였다.[22] 고종대 성균관 유생의 의복을 변통할 때에
도 이 기사가 다시 한 번 거론되었다.[23] 또 영조 36년(1760)에는 승지 홍
낙성이『지봉유설』에 형군문(邢軍門)을 선무사(宣武祠)에 제향한 사실을
근거로 명군의 위판에 대한 일을 아뢰자 영조가 선무사에 사우를 세워
배향하도록 조치하는 일이 있었다.[24]

한편, 정조 15년(1791) 진산사건(珍山事件)에 연루된 이승훈과 권일신
을 공초하는 자리에서도 정조는 "이 죄수는 잡서(雜書:『천주실의』·『기하원
본』·『수리정온』)를 받아 온 죄를 무겁게 처벌해야 하지만, 그 책이 이미 수
백 년 전에 우리나라에 전해져『지봉유설』에 그 학설을 비평한 말이 있고
홍문관의 장서각에도 들어 있다."고 하면서 이승훈의 형벌을 삭직 수준
으로 낮추고 스스로 반성하도록 선처하였다.[25]

이처럼 조선후기 관찬 사료에 나타나는『지봉유설』은 울릉도가 우리 강
역에 포함된 섬임을 주장하거나, 성균관 유생의 복제를 홍단령으로 바꾸기
위한 정책의 근거자료로 인용되었다. 또한『천주실의』의 도입 시기를 바
탕으로 이단을 다스리는 참고자료로도 활용되었다. 그러나 정부의 정책
적 필요와 무관하게 조선후기 지식인들은 다양한 영역에서『지봉유설』
에 담긴 정보를 소비하였다. 아래 〈표 2〉는『지봉유설』을 인용한 조선후
기 대표적인 문집, 사서, 유서류들을 정리하고 인용수를 집계한 것이다.[26]

---

22)『영조실록』권53, 영조 17년 4월 8일(임인).

23)『고종실록』권21, 고종 21년 6월 4일(병자).

24)『영조실록』권95, 영조 36년 6월 3일(을해).

25)『정조실록』권33, 정조 15년 11월 8일(기묘)

26) 이 표는 한국고전번역원DB에 수록된 문집총간과 고전번역서들 중 저자가 확인된 작품

〈표 2〉『지봉유설』을 인용한 조선후기 저술

시기	서명	성격	저자	당색	인용사항	인용 수
17세기	鵝溪遺稿	문집	이산해 (1539~1609)	북인	■생원 柳塗의 시에 대한 평가	1
	荷潭破 寂錄	문집	김시양 (1581~1643)	남인	■陳理의 후손에게 군역을 면제한 사실 인용	1
	澤堂集	문집	이 식 (1584~1647)	서인	■先天器說의 전거	1
	宋子大全	문집	송시열 (1607~1689)	서인	■『지봉유설』에 인물에 대한 포상과 폄론한 것이 정당하다고 함	1
	白湖全書	문집	윤 휴 (1617~1680)	남인	■통제사 이충무공의 遺事 - 승평의 중 옥형에 대한 일화 인용 ■백양쑥에 대한 전거	2
	漂舟錄	표류기	이지항 (1647~?)	-	■조완벽의 일본, 안남여행 인용	1
18세기	山林經濟	유서	홍만선 (1643~1715)	노론	■섭생, 치농, 종수, 양화, 목양, 치선, 구급, 벽온, 치약, 잡방의 전거	26
	梅湖遺稿	문집	홍만종 (1643~1725) · 남태보 (?~?) 편	남인	■고려후기 문신 진화에 대한 소개	1
	農巖集	문집	김창협 (1651~1708)	노론	■두보의 시 2건 인용	1
	星湖僿說	유서	이 익 (1681~1763)	남인	■중국인이 술을 빚을 때 灰를 많이 사용함 ■張祐의 시에 담긴 孟才人의 고사·울릉도의 연원 ■획야분주 ■『주자어류』고아대편의 高觥의 전거 ■安酒의 전거	6
	大山集	문집	이상정 (1711~1781)	남인	■기축년 왜와 통교할 때에도 중국에 奏文해야 한다고 주장한 윤두수의 발언 인용	1

에 한정해 작성되었음을 밝힌다.

18세기	東史綱目	사서	안정복 (1712~1791)	남인	■채거서목 ■임진년 왜가 수로왕릉을 발굴한 사실 인용 ■고구려 때 재상 단기명의 묘 소개 ■고려 문종 때 상서 유홍이 송에 사신으로 간 일 ■왜가 여진과 연접하고 있던 근거 ■정인경이 어렸을 때 지은 시 인용 ■충선왕이 원에 있을 때 미희를 가까이 하여 지은 시 인용 ■무강왕이 기준이라는 근거 ■절풍건의 착용 전거 ■영변부의 검산이 환도고라는 근거	10
	順菴集	문집	안정복 (1712~1791)	남인	■마테오리치와 천주실의에 대한 내용 인용 ■선조 23년에 唐人이 鍾城에서 군사를 조련하고 있었는데 왜인들이 그 일을 듣고 알았다는 사실 인용	2
	常變通攷	예서	유장원 (1724~1796)	남인	■기제에 소찬을 사용하는 잘못[忌祭用素饌之非]의 전거	1
	存齋集	문집	위백규 (1727~1798)	노론	■독서를 제대로 안한 병폐 인용	
	燃藜室記述	사서	이긍익 (1736~1806)	소론	■석왕사의 건립 연원 등	113
	靑莊館全書	유서	이덕무 (1741~1793)	노론	■시를 해설하는 전문서로『지봉유설』언급 ■이규보, 서거정, 강희맹의 문집이 生時에 발간된 사실 인용 ■우리나라 서적으로 지봉유설이 일본에 유입된사실 ■倭國의『三韻通考』소개	4
	增正交隣志	외교서	김건서 (1743~?)	-	■울릉도와 의죽도의 연원	1

19세기	經世遺表	경세서	정약용 (1762~1836)	남인	■토지 전결수 인용	1
	牧民心書	경세서	정약용 (1762~1836)	남인	■선조 때 최계옥이 정시에 급제한 날에 어사화를 꽂고 진청에 나가 죽을 먹은 사례 인용	1
	海東繹史	사서	한치윤 (1765~1814)	남인	■연초의 연원 ■우리나라의 僻姓 - 소씨, 곽씨	2
	五洲衍文長箋散稿	유서	이규경 (1788~?)	소론	■씨성, 수요, 칭호, 질병, 역경, 석전총설, 논사, 풍속	8
	松南雜識	유서	조재삼 (1808~1866)	-	■재생, 성, 일월, 자의, 우설, 절서, 류오, 문의, 조, 세시 등	321*
	林下筆記	유서	이유원 (1814~1888)	소론	■근언, 울릉도, 수릉관, 목판과 주자의 분변, 여러 책의 지은이, 우리집에 있는 대동야승의 서목, 벽려신지	7
	修堂集	문집	이남규 (1855~1907)	-	■성종이 월산대군에게 참외를 내린 어제시 인용	1

*『송남잡지』의 인용 건수는 강민구(2011)의 연구를 참고하였음[27]
** 저자미상인 저서는 제외하였음.

17세기에는 이산해(李山海)의 『아계유고(鵝溪遺稿)』와 김시양(金時讓)의 『하담파적록』과 이식(李植)의 『택당집』, 송시열(宋時烈)의 『송자대전』, 윤휴(尹鑴)의 『백호전서』, 무관 이지항(李志恒)의 『표주록』에서 『지봉유설』이 언급되었다. 『아계유고』에는 이산해가 고시관의 자격으로 입격자의 등제(登第)를 결정할 때 눈여겨 본 생원 유도라는 자에 대한 일화가 자세히 소개되어 있다. 그런데 말미에 『지봉유설』에 이 일화가 소개되어 있다는 사실을 세주로 달아 놓았다.

---

27) 강민구, 2011, 「『星湖僿說』의 『芝峯類說』, 『松南雜識』의 『芝峯類說』, 『星湖僿說』 인용 양상

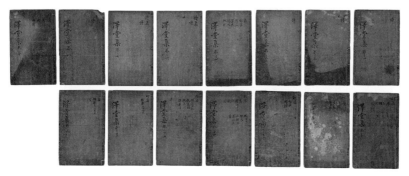

택당선생집(국립중앙박물관 소장)

　『아계유고』가 효종 10년(1659)에 간행된 점을 고려하면, 문집 간행 당시『지봉유설』을 참고한 것으로 보인다.『대동야승』에 실린 김시양의『하담파적록』에는 관서지방에 진씨 성을 가진 자가 스스로 진이의 자손이라 하여 군역을 면제해 달라는 요청이 있자, 병조판서 심기원이『지봉유설』의 내용[이수광이 홍주목사로 있을 당시 진이(陳理)[28]의 자손으로 황제의 조칙(詔勅)을 가진 자가 있어서 그의 군역을 면제했다 것을 근거로 진씨 성을 모두 조사하려 한 일에 대해 비판하는 내용이 담겨 있다.[29]

　『택당집』에는 옛것을 수집하기 좋아하는 대호자라는 인물이 왜란 당시 청량산에서 발견한 동기(銅器) 2구를 이식에게 보여주면서 선천(先天)

에 대한 연구」,『漢文學報』24.

28) 진이는 원나라 陳友諒(1320~1363)의 아들로 명나라에 항복하였는데, 명 태조가 그와 가족을 고려에 보내면서 편안히 살게 하라고 하였다. 조선 태종대에 진이의 생활이 어렵다는 말을 듣고, 왕이 의정부에서 명하여 전지를 내려주도록 한 일이 있다(『태종실록』권1, 태종 1년 윤3월 18일(정미)).

29) 김시양,『하담파적록』.

시대의 것이라고 주장하자 이식이 후천(後天)시대의 것이라고 반론하는 내용이 담겨 있는데,『지봉유설』에도 이와 같은 설이 보인다고 세주를 달아 놓았다.[30]『송자대전』에는 이계주에게 보내는 답서에『지봉유설』에 실린 당대 인물에 대한 포상과 폄론이 모두 정당하였다고 하면서, 이수광의 아들 참판 이민구 역시 인조 초에는 문성공 이이의 문묘 종사를 건의하였다가 인조 13년(1635)에는 율곡을 욕하고 소의 내용을 바꾸었으며, 그의 조카 역시 송시열의 예론을 흠모하였다가 윤휴의 무리에 빠져 딴사람이 되었다는 내용을 싣고 있다.[31]

한편,『백호전서』에는「통제사 이충무공의 유사」가 실려 있는데, 윤휴는『지봉유설』을 인용하여 승평(昇平)의 중 옥형(玉泂)이란 자의 일화를 소개하였다. 옥형은 통제사 이순신을 따라 수군에 있으면서 공을 세웠는데, 통제사가 작고한 뒤에도 충민사(忠愍祠)에 머물면서 제사를 드린 지 수십 년이 되어 지금 나이가 80여 세에 이르렀다는 것이다. 또 잡저에서는 금강산(풍악)으로 향하는 여정 중에 민가 주변에 난 풀꽃의 명칭을 찾기 위해『지봉유설』의 설명을 참고하고 있다.[32]

무관 출신인 이지항은『표주록』에서『지봉유설』에서 진주지방의 선비인 조완벽이라는 자가 정유재란 당시 일본과 안남지역을 여행한 내용을 인용하고 있다.『표주록』은 이지항이 숙종 22년(1696) 무렵 부산에서 영해로 가던 중 파선되어 일본 북해도에 표류한 내용을 일기 형식으로

---

30) 이식,『택당집』별집 권12, 설,「先天器說」.

31) 송시열,『송자대전』권50, 서「李季周에게 답함」.

32) 윤휴,『백호전서』권34, 잡저,「風樂論」.

기록한 글이다.[33] 이처럼 17세기 인물들의 개인 문집과 표류기에『지봉유
설』의 내용이 인용되고 있었다. 다만, 김시양은『하담파적록』에서 역사적
사실을 고증하여『지봉유설』의 기록이 오류임을 지적하였다.

18세기에 들어서는 개인문집뿐 아니라 유서류와 사찬 역사서, 예서,
외교 관련 저서에 다양하게『지봉유설』이 인용되었다. 우선 개인문집을
살펴보면,『매호유고』,『농암집』,『대산집』,『순암집』,『존재집』에서『지봉
유설』을 인용한 사실을 확인할 수 있다.

정조 8년(1784) 고려후기 문신인 진화(陳澕)의 시를 모아 편찬한『매
호유고』에는『지봉유설』에 실린 진화의 인물평이 그대로 인용되어 있
다.[34] 김창협(金昌協)의『농암집』에서도『지봉유설』에 실린 두보의 시를
인용한 뒤 시에 담긴 고사를 소개하였다.[35] 한편, 이상정(李象靖)은 도남
서원의 통문에 답하는 글을 안동유림을 대신하여 작성하였는데, 그 내용
은 강박(姜樸)이 지은『총명쇄록(聰明瑣錄)』에서 유성룡(柳成龍)에 대해
잘못 논하고 있는 점을 바로잡는 것이었다. 당시 이상정은『총명쇄록』에
신묘년(선조 24년, 1591) 당시 왜국의 서계(書啓)를 중국에 주문(奏文)해야
한다는 주장을 윤두수만 한 것처럼 기록한 것이 잘못되었다고 지적하는
한편,『지봉유설』에는 윤두수가 비단 신묘년뿐만 아니라 기축년에도 중
국에 상주할 것을 청한 사실을 거론하였다.[36]

---

33) 남미혜, 2006,「『표주록』을 통해 본 이지항(李志恒)(1647~?)의 일본 인식」,『梨花史學硏
　　究』33.

34) 진화(홍만종·남태보 모음),『매호유고』, 시·칠언절구,「春日和金秀才 二首」.

35) 김창협,『농암집』권34, 雜識,「外篇」.

36) 이상정,『대산집』권42, 잡저「答道南書院通文 代安東士林作」.

마테오리치 동상(북경 남당)　　　　　천주실의(실학박물관 소장)

안정복(安鼎福)은 「천학고」에서 『지봉유설』에 실린 마테오리치와 『천주실의』에 관한 내용을 인용하는 한편, 왜국의 지세가 여진에 인접해 있음을 설명하면서, 선조 23년(1590) 무렵 당인(唐人)이 종성(鍾城)에서 군사를 조련하고 있을 때 왜인들이 그 일을 듣고 알았다는 사실을 여기에서 발췌해 놓았다.[37]

위백규(魏伯珪) 역시 고을의 여러 유생을 깨우치는 글(諭邑中諸生文)을 쓰면서 『지봉유설』에 실린 일화를 들어 독서를 제대로 하지 못해 나타난 병폐를 소개하였다.[38] 한편, 『상변통고』와 같은 조선후기 예서와 일본과의 외교 사실을 담은 『증정 교린지』에도 『지봉유설』이 인용되었다. 『상변통고』에서는 『지봉유설』을 인용하여 국가의 기신제에 소찬(素饌)을 사용하는 것이 구습을 따른 것이라고 비판하고 있다.[39] 『증정 교린지』에는 울릉도와 의죽도가 같은 섬인지를 논하는 변정 전말을 논하면서 『지봉유

37) 안정복, 『순암집』 권17, 잡저 「天學考」 ; 『순암집』 권19, 설 「倭國地勢說」.

38) 위백규, 『존재집』 권18, 잡저 「諭邑中諸生文」.

39) 유장원, 『상변통고』 권25, 제례, 기일 「忌祭用素饌之非」.

설』에 '의죽은 곧 울릉이라고 한' 점을 제시하였다.[40]

지금까지 살펴본 것처럼 18세기에도 17세기와 마찬가지로『지봉유설』에 담긴 시문, 고사(古事), 민간의 일화가 개인 문집에 다양하게 인용되고 있었다. 다만, 18세기에 보다 두드러진 특징은 문집뿐만 아니라 당시에 집필된 다종의 유서류와 사찬 사서들에서『지봉유설』이 전거로 활용되고 있는 점이다. 18세기 대표적인 유서류로는『산림경제』와『성호사설』,『청장관전서』등을 들 수 있으며, 사찬사서류로는『동사강목』과『연려실기술』을 들 수 있다.『성호사설』의 인용양상에 있어서는 기존 연구에서 이미 자세하게 검토한 바 있으므로,[41] 본고에서는 이덕무(李德懋)의『청장관전서』와 홍만선(洪萬選)의『산림경제』의 인용 양상을 구체적으로 살펴보도록 하겠다.

우선 이덕무의『청장관전서』에는『지봉유설』이 네 차례 인용되었다. 각각의 내용을 살펴보면, 이덕무는『청장관전서』에서 시를 해설하는 전문서적으로 이제현의『역옹패설』과 이수광의『지봉유설』을 꼽고 있으며, 살아생전 문집이 발간된 이로 이규보와 서거정, 강희맹을 지목하면서 그 근거로『지봉유설』을 제시하였다. 또『지봉유설』이 일본에 유입된 사실과『지봉유설』에 실린 왜국(倭國)의『삼운통고(三韻通考)』가 과장(科場)에 통용될 수 있을 만큼 편리하고 긴요한 책이라 하여 소개하고 있다.[42]

한편 홍만선이 집필한『산림경제』는 인용수만 26건이 확인된다. 이를

---

40) 김건서,『증정교린지』권4, 鬱陵島礒竹島辨正顚末.

41) 강민구, 앞의 논문.

42) 이덕무,『청장관전서』권32,「淸脾錄序」; 권57,「盎葉記四」; 권59,「盎葉記六」; 권60,「盎葉記七」.

정리하면 아래 〈표 3〉과 같다. 『산림경제』에서는 섭생, 치농, 종수, 양화, 목양, 치선, 구급, 벽온, 치약, 잡방 등의 항목에서 『지봉유설』을 인용하였다. 『지봉유설』의 인용부분을 구체적으로 명시하지 않았지만 주로 식물부(食物部), 훼목부(卉木部), 금충부(禽蟲部)를 참고한 것으로 보인다.

〈표 3〉『산림경제』의 『지봉유설』 인용 사례

권수	편명	주제	내용
권1	섭생	신체를 보전함	■ 대추씨는 침을 삼키기에 편하게 해줌
권1	섭생	起居를 조심함	■ 밤에는 귀신을 말하지 아니함
권1	섭생	服食	■ 구기자를 술에 담가 먹는 방법 ■ 오가피, 토사자의 효능 ■ 솔잎과 송진의 효능과 위험 ■ 鐵液의 위험
권1	치농	풍흉을 점침	■ 춘상갑(입춘 뒤 첫번째 갑자일)에 비가 오면 심한 가뭄이 듦 ■ 정월 셋째날 염소날, 넷째날은 돼지날이라 함 ■ 3월 초사흘 上巳日에 개구리 소리를 들어보아 물이 많은지 가물는지를 점침
권2	종수	種樹	■ 꽃나무를 옮겨 심는 방법
권2	종수	배나무	■ 덜익은 배를 쪄먹으면 나타나는 폐해
권2	양화	대나무	■ 箽竹은 왕대[王竹], 澹竹은 솜대[綿竹], 참대[苦竹]는 烏竹임
권2	양화	연	■ 연실을 푸른 빛깔의 독[靛甕] 속에 넣었다가 겨울을 난 뒤 심으면 푸른 연꽃이 핌
권2	양화	모란(牡丹)	■ 흰 모란을 다섯까지 색깔로 변색시키는 법
권2	목양	말 기르기[養馬]	■ 무는 말의 버릇을 고치는 방법
권2	치선	남새[蔬菜]	■ 향포지젓[香蒲菹鮓]
권2	치선	어육(魚肉)	■ 회남 사람이 게를 기르는 법
권2	치선	술빚기[釀酒]	■ 술을 마시고 취하지 않는 법
권2	치선	음식의 금기사항[食忌]	■ 치통이 생기는 원인 ■ 홍시를 술과 같이 먹어서는 안됨 ■ 감이나 배를 게와 같이 먹어서는 안됨
권3	구급	제중독	■ 해독약은 식혀서 먹여야 효력을 볼 수 있음
권3	구급	해독	■ 서리 맞지 않은 게의 독을 해독하는 법
권3	구급	蠱毒	■ 蠱에 중독된 것을 치료하는 법
권3	벽온	벽온	■ 천금목(千金木)으로 辟邪, 辟瘟함

권4	치약	송지	■ 松脂와 松葉에 대한 경계
권4	치약	약먹는 법	■ 해독약을 먹는 법
권4	잡방	奴婢에게 도망할 마음이 없게 하는 법	■ 시루를 동였던 삼[甑帶麻]으로 실을 만들어 왼쪽으로 꼬아 노비의 옷 등솔에 1척 6촌의 길이로 꿰매 놓음
권4	잡방	도망간 노비가 저절로 돌아오게 하는 법	■ 지금의 풍속에는 종이에다 도망한 사람의 성명을 써서 대들보 위에 붙여 놓음
권4	잡방	무덤 속의 罔象과 蝹을 물리치는 법	■ 땅 속에 물건이 있으니 이름이 蝹으로서 죽은 사람의 腦를 먹는데, 잣나무로 그 머리를 뚫으면 죽기 때문에 무덤 앞에 잣나무를 심는 것임
권4	잡방	밤길을 걸을 때 鬼火를 물리치는 법	■ 田野에 들어갔다가 鬼火를 보았을 때는 안장의 양쪽 발판[鐙]을 서로 두드려 소리를 냄
권4	잡방	호랑이를 물리치는 법	■ 밤에 길을 갈 때에는 노래를 하거나 크게 소리를 지르지 말아야 함
권4	잡방	雜忌	■ 걸을 때 그림자를 밟지 말 것 ■ 밤에 노래 부르기를 좋아하는 자는 일찍 죽음 ■ 오월은 사람이 허물을 벗는 달로서 지붕에 올라가 그림자를 보게 되면 魂이 달아남 ■ 집을 판 돈으로는 노비와 생물을 사면 이롭지 않으며 나귀나 말[驢馬]을 판 돈으로 며느리를 맞이하지 않음

　특이한 점은 섭생, 구급, 치약에 관한 다양한 민간요법을 채록하면서, '어두운 밤에는 귀신을 말하지 말아야 한다'거나 '구기자로 담근 술을 먹고서 하서(河西) 지방의 여자들이 395세를 살았는데도 마치 16~17세 같았다.'는 등 과학적인 논리가 부족하고 신빙성이 떨어지는 처방과 효력을 그대로 인용하고 있는 점이다. 잡방에서도 '노비를 도망할 마음이 없게 하거나', '노비가 저절로 돌아오게 하는 방법' 등을 소개하고 있는데, 구체적인 방법을 살펴보면, '시루를 동였던 삼(甑帶麻)으로 실을 만들어 왼쪽으로 꼬아 노비의 옷 등솔에 1척 6촌의 길이로 꿰매 놓는' 등, 현재로서는 설득력이 매우 부족한 민간 풍속을『지봉유설』에서 그대로 인용하여 소개하고 있다.

동사강목(국립중앙박물관 소장)

한편, 『동사강목』과 『연려실기술』 같은 사찬 사서에서는 과거의 역사적 사실을 고증하기 위한 참고자료로 『지봉유설』을 인용하였다. 안정복은 『동사강목』을 집필하면서 참고한 서목(採據書目)을 동국서적과 중국서적을 나누어 범례에 제시하였는데, 동국서적 42편 중에 『지봉유설』을 포함시켜 놓았다. 『동사강목』은 단군 이래 신라와 고구려, 고려 왕조의 중요한 사건을 강목체로 서술하고 필요할 경우 자신의 견해를 [안(案)]으로 붙이는 방식으로 집필되었다. 이에 『지봉유설』은 『동사강목』에서 신라와 고구려, 고려의 기사에 총 9번 인용되고 있다. 예컨대, 신라 기묘년 춘3월 가락국의 수로왕이 죽고 그의 아들 거등이 대를 잇는 기사를 정리한 뒤 [안]에서 『지봉유설』을 인용하여 임진년에 왜가 수로왕릉을 발굴한 사실을 기록해 놓았다.

안정복은 『동사강목』의 서(序)에서 "『삼국사기』는 소략하면서 사실과 다르고, 『고려사』는 번잡하면서 요점이 적고, 『동국통감』은 의례(義例)가 어그러짐이 많고, 『여사제강』과 『동사회강』은 필법이 혹 어그러진 것이 있다. 오류로 인하여 오류를 답습하고 잘못으로 잘못 전한 것에 이르러서는 여러 역사서가 비슷하다. 내가 그것을 읽고는 개연히 바로잡을 뜻이 있어, 동국의 역사 및 중국의 역사에서 동국의 일에 언급한 것을 널리 가

져다가 산절(刪節)하여 책을 만들었다"고 밝힌 대로,[43] 역사적 고증을 치밀하게 하려는 취지에서『지봉유설』을 인용하였다.

〈표 4〉『동사강목』의『지봉유설』인용 사례

권수	강목	내용
범례	채거서목	■동국서적 내 지봉유설 포함
제2상	기묘년 신라 내해왕 4년, 고구려 산상왕 3년, 백제 초고왕 34년, 가락 居登王 원년(후한 헌제 건안 4)	■임진년 왜가 수로왕릉을 발굴한 사실 인용
제5하	을해년 신덕왕 4년 진훤 24년 궁예 15년(후량 말제 정명(貞明) 원년, 거란 태조 9)	■고구려 때 재상 단기명의 묘 소개
제7하	경신년 문종 34년(송 신종 원풍 3, 요 도종 태강 6)	■고려 문종때 상서 유홍이 송에 사신으로 간 일
제12상	신사년 충렬왕 7년(원 세조 지원 18)	■왜가 여진과 연접하고 있던 근거
제13상	을사년 충렬왕 31년(원 성종 대덕 9)	■정인경이 어렸을 때 지은 시 인용
제13상	계축년 충선왕 5년(원 인종 황경 2)	■충선왕이 원나라에 있을 때 미희를 가까이 하여 지은 시
부록 상권상 고이	武康王	■무강왕이 기준이라는 근거
상권하 잡설	箕子의 遺制	■절풍건의 착용 전거
하권	丸都考	■영변부의 검산이 환도고라는 근거

한편 18세기 대표적인 야사로 분류되는 이긍익(李肯翊)의『연려실기술』은 거질의 장서인만큼 18세기 저술 중『지봉유설』의 인용수가 가장 많게 나타난다.『연려실기술』은 편찬 배경에 있어서『동사강목』과 크게 다르지 않다.

이긍익은『연려실기술』의 서두 부분인「의례(義例)」에, "우리 동방의 야사는 큰 질로 엮인 것이 많이 있다. 그러나『대동야승』,『소대수언』은

산만하여 계통이 없고 또 중복된 말이 많아 열람하여 보기가 어렵다.『춘파일월록』,『조야첨재』는 편년체로 썼는데, 자료 수집을 다하지 않고 책을 빨리 만들어 상세한 데는 지나치게 상세하고 소루한 데는 매우 소루하여 조리가 있지 않고,『청야만집』은 사실이 자세하지 않고 다른 문집에 있는 역사 인물에 관한 논평을 많이 실었다."고 하면서 그간 편찬된 사찬 사서의 문제점을 지적하였다.[44]

다만,『연려실기술』은 조선시대 역대 왕들에 관한 주요 사건을 기사본말체 형식으로 정리한 점에서 고대사부터 다루고 있는『동사강목』과는 차이를 보인다. 아래 〈표 5〉는『연려실기술』에서 태조조부터 선조대에 이르는 고사본말 중『지봉유설』이 인용된 기사 38건을 정리한 것이다.[45] 태조대부터 명종대까지는 왕대별 주요 사건과 인물(문형, 명신, 상신 등)을 소개할 때『지봉유설』이 인용된 데 반해 선조대에는 이뿐만 아니라 임진왜란의 전개 상황을 파악할 수 있는 다수의 기사를 다루면서『지봉유설』을 인용하고 있다.

〈표 5〉『연려실기술』의『지봉유설』인용사례

권수	편명	내용
권1	태조조 고사본말	잠룡 때의 일
권1	태조조 고사본말	고려에 절개를 지킨 여러 신하
권1	태조조 고사본말	開國定都
권2	태종조 고사본말	태종

---

44) 이긍익,『연려실기술』「義例」.

45)『연려실기술』의 별집에 해당하는 「국조전고」, 「사전전고」, 「사대전고」, 「관직전고」, 「정교전고」, 「문예전고」, 「천문전고」, 「지리전고」, 「변어전고」, 「역대전고」의 인용사례를 합하면 총 113건에 달한다. 별집의 인용 사례는 분량 상 논의를 생략하였다.

권3	세종조 고사본말	세종
권3	세종조 고사본말	찬술과 제작
권3	세종조 고사본말	왜를 치던 兵役
권4	단종조 고사본말	靖難에 죽은 여러 신하
권6	예종조 고사본말	南怡의 獄事
권6	예종조 고사본말	예종조의 문형
권6	성종조 고사본말	성종
권6	성종조 고사본말	성종조의 명신
권7	중종조 고사본말	기묘년 화의 근원
권8	중종조 고사본말	己卯黨籍
권9	중종조 고사본말	중종조의 相臣
권9	중종조 고사본말	중종조의 文衡
권9	인종조 고사본말	인종조의 명신
권10	명종조 고사본말	대비의 대리정치
권11	명종조 고사본말	요승 보우가 귀양 가다
권11	명종조 고사본말	명종조의 상신
권11	명종조 고사본말	명종조의 명신
권12	선조조 고사본말	선조의 아름다운 덕행
권15	선조조 고사본말	임진왜란 임금의 행차가 西道로 파천가다
권15	선조조 고사본말	北道의 함락과 鄭文孚의 수복
권16	선조조 고사본말	두 陵의 변고
권16	선조조 고사본말	곽재우가 제일 먼저 군사를 일으켰다.
권16	선조조 고사본말	진주성의 함락과 明兵의 철환
권17	선조조 고사본말	임진 승장 중 休靜과 惟政
권17	선조조 고사본말	임금의 행차가 서울로 돌아오다
권17	선조조 고사본말	병신년에 왜병이 철환하다.
권17	선조조 고사본말	亂中의 時事 摭錄
권17	선조조 고사본말	義兵의 摠論
권17	선조조 고사본말	병오년에 다시 왜와 通和하다
권17	선조조 고사본말	종계를 변무하다
권18	선조조 고사본말	유영경이 권세를 부리다.
권18	선조조 고사본말	선조조의 상신
권18	선조조 고사본말	선조조의 유현
권18	선조조 고사본말	선조조의 명신

요컨대, 18세기 개인문집 뿐만이 아닌 민간의 유서류와 사찬사서류가 활발히 편찬되고 지식인들 사이에 유통됨에 따라 경학과 문장뿐 아니라

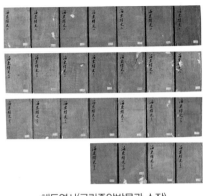

해동역사(국립중앙박물관 소장)

역사, 지리, 풍속, 물산에 관한 다양한 정보를 수록한 『지봉유설』이 이들 서적에서 발췌, 인용되는 양상을 확인하였다. 정치적인 성향으로 보더라도, 실학자로 불리는 남인 계열의 지식인들 뿐만 아니라 홍만선(洪萬選)과 김창협(金昌協), 위백규(魏伯珪), 이덕무(李德懋) 등과 같은 노론계 지식인과 이긍익(李肯翊) 등의 소론계 인사도 『지봉유설』을 탐독하였던 것으로 파악된다. 그리고 이러한 경향은 19세기 경세서와 문집, 사서, 유서류의 편찬에 그대로 반영되었다.

우선 19세기를 대표하는 경세서인 정약용(丁若鏞)의 『경세유표』와 『목민심서』에서도 『지봉유설』을 인용하고 있는 점이 확인된다. 『경세유표』에서는 임진왜란을 전후로 한 토지의 전결수를 고증하는 데 『지봉유설』이 활용되었다. 『지봉유설』에 "국가가 평화롭던 때의 8도 전결이 합쳐서 145만 9천 245결 1부였는데, 계묘년에는 평안도를 제외한 7개 도가 도합 94만 5천 153결 18부 3속이었고, 갑술년에는 8도를 합쳐서 153만 7천 494결 21부였다. 을해년에 삼남 전지를 개량한 다음의 시기결은 86만 5천 537결 45부 1속이었다."는 내용을 인용하면서, 정약용은 임진년(1592) 이전과 이후는 전총(田摠)이 서로 비슷하였다가, 요즘에 와서 한층 뚝 떨어졌다."고 평가하였다.[46] 『목민심서』의 진황조에는 수령이 소한

---

46) 정약용, 『경세유표』권6, 지관수제, 「전제고」 6.

에 진장(賑場)에 나아가 죽을 먹이고 희미(餼米)를 나누어 주도록 당부하는 내용이 보이는데, 선조 때 최계옥이 정시에 급제한 날에 어사화를 꽂고 진청에 나가 죽을 먹은 사례를『지봉유설』에서 인용하였다.[47]

한편, 19세기 사찬사서라 할 수 있는 한치윤(韓致奫)의『해동역사』에는 연초(煙草)의 연원과 우리나라의 벽씨성(소씨, 궉씨)을 소개하는 데『지봉유설』이 두 차례 인용되었다.[48]『해동역사』의 첫머리에 실린 유득공의 서문을 살펴보면, "우리 동방 수천 년의 사실에 대해 경전(經典)에서 패설(稗說)에 이르기까지 여기저기 흩어져 있는 것을 찾아내고 베꼈으며, 또 손수 자르고 붙이면서 분류하기도 하고 합하기도 하였다. 머리는 헝클어지고 땀은 비 오듯 흘리면서 밥 먹는 것조차 잊은 채 5, 6년이나 공력을 쏟은 끝에 비로소 종류별로 나누고 조목을 세워 한 부(部)의 서책을 만들었다"고 하여[49] 오랜 시간 방대한 독서로 전거를 수집하여 편찬하였음을 실감케 한다. 다만『동사강목』에서처럼 동국서목(東國書目)을 제시하지 않은 데다가, 인용수도『동사강목』이나『연려실기술』에 비해 적게 나타난다.

19세기 유서류인 이규경(李圭景)의『오주연문장전산고』와 이유원(李裕元)의『임하필기』에서도『지봉유설』의 인용 부분이 각각 여덟 차례와 일곱 차례씩 나타난다. 주지하다시피 이규경은『청장관전서』를 지은 이덕무의 손자이자 규장각 검서관직을 지낸 이광규(李光葵)의 아들이다.

---

47) 정약용,『목민심서』진황 6조.

48) 한치윤,『해동역사』권26,「물산지」1 ; 권31,「관씨지」2.

49) 한치윤,『해동역사』「유득공서」.

〈표 6〉『오주연문장전산고』의『지봉유설』인용사례

편명	제목	내용
인사편1 인사류2	氏姓	■ 淸帝·倭皇 성씨에 대한 변증설
인사편1 인사류2	稱號	■ 小人이라 자칭하는 데 대한 변증설
인사편1 인사류2	壽夭	■인물의 생사를 세월로써 한정한 데 대한 변증설
인사편1 인사류2	疾病	■ 麻疹에 대한 변증설
경사편1 경전류1	易經	■ 蓍草에 대한 변증설
경사편3 석전류1	釋典總說	■ 釋敎·梵書·佛經에 대한 변증설 附 釋氏雜事
경사편5 논사류1	論史	■ 鬱陵島의 사적에 대한 변증설
경사편5 논사류2	風俗	■ 石戰과 木棒에 대한 변증설

따라서 이규경이『오주연문장전산고』를 저술하는 데에는 가학(家學)의 영향이 컸을 것으로 짐작된다.『오주연문장전산고』는 60권 60책으로 구성되어 있으며 총 1,416항목의 주제를 포함하고 있다.『오주연문장전산고』에 인용된『지봉유설』기사는 씨성, 칭호, 수요, 질병, 역경, 석전총설, 논사, 풍속 항목에 나타난다.

특이한 점은 〈표 6〉에서 보는 것처럼 모든 항목을 '변증설'이라 칭한 것이다. 즉,『산림경제』와 같이 민간에 전해 내려오는 민간요법과 풍속관련 기사를 직접 인용하기보다, 신빙성 있고 고증 가능한 기사를 발췌하여 자신의 논변에 근거자료로 활용한 것이다. 예컨대,「석전(石戰)과 목봉(木棒)에 대한 변증설」에서 이규경은 석전 놀이의 연원을 다음과 같이 고증하고 있다.

우리나라 경향 각처에 이른바 편싸움(便戰)이란 놀이가 있는데, 그 근본을 소급해 보면 이를 변증할 만한 근거가 있다.『지봉유설』에 보면, "『한서(漢書)』「감연수전(甘延壽傳)」에 '투석발거(投石拔距) …… '라고 한 주에 '투석은 돌을 사람에게 던

오주연문장전산고
(서울대학교 규장각 소장)

지는 것이다.' 하였으니, 그 놀이 또한 오래된 것이다. 지금 우리나라에서도 안동에서는 1월 16일에, 김해에서는 4월 8일과 단오에 장정들이 모두 모여 좌우로 편을 가른 다음 돌을 던져 승부를 겨루다가 죽거나 중상을 입어도 후회하지 않는데 이것을 석전이라 한다. 우리나라 중종이 왜를 토벌할 때 이들을 뽑아 선봉을 삼았는데, 적군이 감히 덤비지 못하였고, 임진왜란 때는 적들이 조총을 사용했으므로 이들의 힘이 쓰이지 못했다." 하였는데, 이익의 『성호사설』에도 이 말을 인용하였고 영재 유득공의 『한도잡지』에도 이 놀이에 대해 설명되어 있다. 그러나 모두가 자세하지는 못하고 대충만 언급되었으므로 이번에 단단히 변증하려 한다.[50]

이규경은 석전 놀이의 유래를 설명하기 위해, 『지봉유설』에서 중국 고전인 『한서』 「감연수전」상의 용례와 우리나라의 풍속(단오날 안동지방에서 시행하는 석전놀이)을 소개한 뒤, 『성호사설』과 『한도잡지』에 실린 『지봉유설』의 기사가 모두 자세하지 않고 대충 언급되었다고 지적하면서 이를 고증하는 자신의 논변을 이어가고 있다. 이유원의 『임하필기』에도 『지봉유설』이 일곱 차례 인용되고 있기는 하지만 『오주연문장전산고』에 비하면 단순 인용의 성격이 짙다.

　『임하필기』는 신미년(1871) 하지일(夏至日)에 이유원이 천마산의 임

---

50) 이규경, 『오주연문장전산고』 인사편 1, 인사류 2 氏姓, 「淸帝·倭皇 성씨에 대한 변증설」.

하려(林下廬)에서 탈고한 유서류로서, 총 39권 33책으로 이루어져 있다. 이유원은『임하필기』를 작성한 목적을, 평소 경전에 부연설명 해놓은 것과 정계의 일사(逸史), 사대부들의 여담 등을 자신이 참고할 수 있도록 정리해 두기 위함이라고 하면서, 자신의 글을 '필기류'로 규정하였다.

"내가 숲 속에 지어 놓은 움막집에서 거처하고 있을 때의 일이다. 가을비는 추적추적 내리는데 질병으로 시달리다 보니 계단 앞에 떨기로 돋은 대나무마저 쓸쓸하여 마치 수심 어린 빗방울 소리를 듣는 듯하였다. 책상 위에 둔 두어 폭의 종이를 끌어다가 평소에 글을 읽고 차록(箚錄)해 놓았던 것 및 문헌의 자질구레한 것들을 붓 가는 대로 기록하여, 그것을 구실로 삼아 이름을 **『임하필기』**(林下筆記)라고 지었다. 대체로 경전에 부연해서 설명해 놓은 것과 조정의 일사(逸史)와 사대부들이 담소하며 나눈 여담을 뽑아서 기록해 놓은 것도 있다. …… 이『필기』에 대하여 어찌 대방가(大方家)의 푸대접을 받을까 혐의하겠는가. 내가 한가할 때 볼 수 있다면 그것으로 만족할 일이다."[51]

실제로『임하필기』상에『지봉유설』의 인용사례를 살펴보면 단편적인 사실을 채록한 경우가 많다. 예컨대, 인일편에서는 선현들이 말을 삼가는(謹言) 방식과 일화를 소개하면서,『지봉유설』에 실린 남명 조식의 '세상일 거침없이 논할 필요 없으니, 산 얘기 물 얘기만 해도 할 얘기가 많다네(捫虱何須談世事 談山談水亦多談)'라는 시와 대곡 성운의, '사람 만나 산속 일 얘기하기가 싫으니, 산속 일만 얘기해도 사람을 거스르네(逢

---

51) 이유원,『임하필기』「林下筆記引」.

人不喜談山事 山事談來亦忤人'라는 시를 인용하고 있다.

또 문헌지장편에서는 숙종 19년(1693) 왜인들이 "임진년 이후 일본이 울릉도를 점령한 사실이『지봉유설』에 실려 있다"고 언급한 것에 대해, 역관 박재홍이, "임진년 왜인이 점거한 곳은 울릉도만이 아니므로『지봉유설』은 언급할만한 것이 못 된다"고 지적한 내용을 싣고 있다. 또「수릉관」에 대해서는 "조종조에는 수릉관을 더러 무관으로 차정하기도 하였으나, 중세(中世) 이래로는 문관(文官)이 아니면 할 수가 없었다"고 하여 수릉관이 될 수 있는 자격조건을『지봉유설』에서 찾고 있다.「목판(木板)과 주자(鑄字)의 분변」에서는 변란 이후로 목판에 새기는 것을 어렵게 여겨 대부분 활자를 썼는데 교열이 상세하지 않아 잘못되기 쉽다고 지적한 이수광의 논설을 그대로 옮겨 적었다.「벽려신지」에서는『지봉유설』을 근거로 숭례문의 현판이 양녕대군의 글씨라고 소개하였다. 이밖에 자신이 본 여러 서책의 지은이를 나열하고,『대동야승』의 서목을 소개하는 데에도『지봉유설』을 언급해 놓았다.

이밖에 한말 독립운동가로 알려진 이남규(李南珪) 역시,『지봉유설』상의 '성종이 월산대군에 참외를 내리면서 지은 어제시'를 자신의 문집에 간단히 인용하였다.52)

---

52) 마지막으로 19세기 저술 중 가장 많은 인용수를 보이는 저서는『송남잡지』이다.『송남잡지』는 19세기 유학자인 조재삼이 자녀의 교육용으로 편찬한 유서류의 일종으로, 최근 연구에 따르면『지봉유설』을 인용한 건수가 321건에 달한다(강민구, 앞의 논문). 이에 대해서는 기존의 연구에서 충분히 검토된 바 있으므로 본고에서는 별도로 다루지 않았다.

〈표 7〉『임하필기』의 『지봉유설』 인용사례

권수	편명	내용	비고
권8	人日編	謹言	■ 남명 조식과 대곡 성운의 시 인용
권13	문헌지장편	울릉도	■ 임진년 이후 울릉도를 일본인이 점유했다는 서술 인용
권14	문헌지장편	수릉관	■ 수릉관의 자격
권17	문헌지장편	木板과 鑄字의 분변	■ 글자를 주조하여 책을 인쇄하는 것은 본조에서 시작된 일임
권18	문헌지장편	여러 책의 지은이	■ 지봉유설 소개
권30	춘명일사	우리집에 있는 대동야승의 서목	■ 지봉유설 소개
권35	벽려신지	薛荔新志	■ 숭례문의 현판은 양녕대군의 글씨라고 세상에서 전함

　　지금까지 살펴본 바와 같이 19세기 저술들에서 『지봉유설』을 인용하는 방식은 18세기와 크게 다르지 않다. 저자의 정치적 성향을 살펴보더라도 사찬사서와 유서류 편찬에 관심이 많은 남인과 소론계 인물들이 19세기에도 역시 『지봉유설』의 인용에 적극적인 태도를 보이고 있다. 다만, 19세기 『해동역사』와 『오주연문장전산고』, 『임하필기』 등 사찬사서와 유서류에 나타나는 인용수가 많지 않은 점은 『지봉유설』에 버금가는 유서류가 18세기에 다수 출현하였고, 고증할 수 있는 문헌의 수 역시 절대적으로 늘어난 점을 감안할 필요가 있다.

　　앞서 한치윤의 『해동역사』의 경우, 동국서목은 빠져 있지만 중국서목과 일본서목을 자세히 제시하고 있는 점을 미루어볼 때 국내 지식인들이 접할 수 있는 참고문헌의 양이 이전 시기에 비해 늘어난 점을 부인할 수 없을 듯하다. 그럼에도 19세기말까지 『지봉유설』이 개인 저술에 참고문헌으로 활용되고 있었으며, 서울의 관료지식인뿐 아니라 대산 이상정과 같은 영남사림에게까지 읽히고 있었던 점은 조선후기 이 책이 갖는 학문적 위상을 재고케 한다.

본고에서는 학계에 이미 소개된 저술을 중심으로 인용 사례를 정리하였기 때문에 지방에 산재한 문집 자료에서 『지봉유설』이 어떻게 인용되고 있었는지에 관해서는 검토하지 못하였다. 『지봉유설』을 인용한 19세기 지방 유림의 문집 자료들이 발굴된다면 경향 간 지식의 전파경로를 살피는 데에도 유의미한 근거자료로 활용되리라 생각한다.

요컨대, 『지봉유설』이 조선후기 지식인들 사이에 꾸준히 소비, 유통될 수 있었던 것은 이수광의 경학적 소양과 문장 능력에 기인한 것이라기보다, 지식의 범주에 들어가기 다소 애매한 17세기 조선의 민간 풍습과 일화, 지리, 물산 정보를 체계적으로 분류, 정리함으로써 후대에 활용 가능한 지적 자원으로 집적한 점에서 그 요인을 찾을 수 있을 듯하다. 이에 『지봉유설』은 17~19세기 걸쳐 다양한 저술에 인용되면서 오랫동안 생명력을 유지할 수 있었으며, 새로운 유서류의 출현을 가능케 하는 촉매제로서의 역할을 담당하였다고 하겠다.

4. 맺음말

지금까지 조선후기 저술에 나타난 『지봉유설』의 인용 양상을 개괄적으로 살펴보았다. 17세기 이래 『지봉유설』은 관찬 연대기 사료에서만 아니라 개인의 문집과 유서류, 사찬 역사서의 편찬에 다양하게 활용되고 있었다. 다만 관찬 연대기류나 사찬 역사서의 경우 역사적 사실 관계를 명확히 고증하려는 목적으로 인용된 데 반해, 개인 문집이나 유서류의 경우, 『오주연문장전산고』와 같은 예외적인 사례가 있기는 하지만 단편적인 사실을 채록하여 편의에 맞게 인용한 경우가 많다.

『지봉유설』을 인용한 저자의 정치적 성향을 살펴보면, 기호남인계 실학자로 알려진 성호 이익, 순암 안정복, 다산 정약용을 비롯해 백호 윤휴에서 대산 이상정에 이르기까지 남인계 인물이 주를 이루기는 하지만, 홍만선이나 이긍익, 이유원 등 노·소론계 지식인들도 다수 포함되어 있다. 이를 통해 『지봉유설』이 당색을 넘어 조선후기 지식인들 사이에 폭넓게 읽히고 있었음을 짐작할 수 있다.

유서류는 당대에 축적된 다양한 지식정보를 일관된 분류 체계 하에 편집하고 전거를 제시함으로써 특정 분야의 정보를 효과적으로 습득할 수 있도록 편집해 놓은 저작물이다. 따라서 경학적 사유체계나 경세론을 심도 있게 다루는 데에는 한계가 있다. 『지봉유설』을 토대로 이수광의 실학적 학문성향을 한마디로 정의하기 어려운 것도 이 때문이다. 그럼에도 임진왜란기 전쟁의 참상을 목도하고 중국사행을 통해 해외 문물을 습득함으로써 이수광은 국내 지식인들이 접하지 못한 방대한 지식정보를 『지봉유설』이라는 유서류에 집적하였다. 이에 『지봉유설』은 후대 지식인들 사이에 권위 있는 참고서로 활용되었으며, 파편화된 지식을 집적, 분류, 재구성하는 방법론을 제시함으로써 조선후기 유서류의 전통을 확립하는 데 중요한 전기를 마련하였다고 하겠다.

제3장
『유원총보(類苑叢寶)』에 나타난 중국
『유서(類書) 전통』의 한국적 계승과 수용 양상

주 기 평*

---

* 서울대학교 중문과 강사

1. 머리말

『유서』는 만물이나 만사를 항목별로 나누고 고금의 서적에서 각 항목에 해당하는 내용을 발췌하여 엮은 책으로, '집약된 지식의 창고'라고 할 수 있다. 유서의 유형은 크게 주제별 분류와 운별(韻別) 분류, 자별(字別) 분류 등 세 가지로 구분할 수 있는데, 시문류(詩文類), 천문류(天文類), 지리류(地理類), 조수류(鳥獸類), 초목류(草木類), 전제류(典制類), 전고류(典故類) 등 이른바 '천지인사물(天地人事物)'의 모든 관련 항목들을 포괄한다.

일반적으로 중국 최초의 유서는 위문제(魏文帝) 조비(曹丕)의 명에 의해 편찬한 『황람(皇覽)』으로 여겨지고 있는데, 당대(唐代)의 『예문유취(藝文類聚)』에서 그 형식이 확립되어 송대 이후 『태평어람(太平御覽)』, 『책부원귀(冊府元龜)』와 같은 관찬유서(官撰類書)를 비롯하여 『옥해(玉海)』, 『금수만화곡(錦繡萬花谷)』, 『사문유취(事文類聚)』 등과 같은 사찬유서(私撰類書)들이 본격적으로 등장하며 양적으로나 질적으로 비약적인 발전을 거듭하여 동양적 백과사전으로서의 위상을 확고히 하였다.

우리나라의 경우 고려 때 처음으로 유서가 수입되었으며 조선시대에 이르러 독자적으로 편찬하기 시작하였는데 세종(世宗)대 박흥생의 『촬요신서(撮要新書)』가 최초의 유서로 꼽힌다. 그러나 이는 가정지침서적 성격으로 본격적인 유서라 칭하기에는 한계가 있으며, 이후 선조(宣祖)대 권문해의 『대동운부군옥(大東韻府群玉)』이 간행되었으나 이는 중국의 『운부군옥(韻府群玉)』을 본받아 우리나라의 사실로써 운자별로 정리한 운별 유서였다.

옥해(玉海)
(소수박물관 소장)

사문유취(事文類聚) (초본) (국립민속박물관 소장)

　　주제별 분류 유서로는 광해군 때 이수광(李睟光)의『지봉유설(芝峯類
說)』을 최초로 꼽을 수 있으나 이는 당시의 실학적 기풍과 맞물려 당대
의 사건과 현상을 해석하고 논의하는 데 중점을 두었으며, 무엇보다도
다만 이전의 기록들을 분류하고 모은 것뿐 아니라 이수광 자신의 평어
나 찬술이 덧붙여져 있었기 때문에 정통 유서와는 거리가 있다고 할 수
있다. 따라서 우리나라 최초의 본격적인 유서는 인조(仁祖)대 김육(金堉,
1580~1658)이 엮은『유원총보(類苑叢寶)』47권이라 할 수 있으니, 여기에
는 우리나라 사람에 의해 철저히 우리의 관점에 따라 세부항목과 관련
인용문이 취사선택되어 있다. 또한 사전(辭典)과 사전(事典)의 기능을 겸
하여 열람의 편의를 극대화시킴으로써 책의 완성도를 한 단계 더 끌어올
리고 있으며, 인용문의 출처를 구체적으로 밝힘으로써 참고자료로서의
신빙성과 객관성을 확보하고 있는 등 독자를 위한 세심한 배려가 나타나
있다.

　　『유원총보』에서는 기존의 중국의 대표적인 유서인『사문유취(事文類

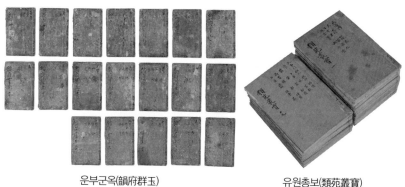

운부군옥(韻府群玉)
(국립중앙박물관 소장)

유원총보(類苑叢寶)
(국립진주박물관 소장)

聚)』를 기본으로 삼아 번잡스러운 것은 과감히 빼버리고 그 요지만 남긴
뒤에 『예문유취(藝文類聚)』, 『당유함(唐類函)』, 『천중기(天中記)』, 『산당사
고(山堂肆考)』, 『운부군옥(韻府群玉)』 등과 같은 정평이 있는 다른 유서들
을 참고하여 빠진 것은 보충하고 잘못된 것은 바로잡고 있다. 이는 양보
다는 질을 중시한 편자의 자주적이고 실용적인 자세를 보여주는 것으로,
중국 유서 전통이 한국적으로 계승되고 수용되는 양상을 보여주는 대표
적인 자료라 할 수 있다. 따라서 본 연구에서는 먼저 『유원총보』 편찬의
목적과 그 의미에 대해 살펴보고, 체제와 형식 및 내용으로 구분하여 『유
원총보』의 각 문(門)과 항목들의 편차와 그 구체적인 인용의 양상을 중
국의 유서와 비교 검토해 봄으로써 한국에서의 유서 편찬의 목적과 특징
및 그 의의와 한계에 대해 고찰해 보고자 한다.

2. 『유원총보(類苑叢寶)』 편찬의 목적과 의미

『유원총보』는 조선 인조 때 김육(金堉)이 편찬한 주제별 유서로서, 한국의 주제별 유서로서는 『지봉유설』에 이어 두 번째로 편찬된 것이다. 그러나 『지봉유설』에 비해 그 내용이 방대하고 유서의 기본적인 속성에 가장 잘 들어맞는 까닭에 한국의 본격적인 주제별 유서로 평가되고 있다. 유서는 '분목(分目)'과 '회편(滙編)'을 그 기본적인 속성으로 하며 편자의 평어나 찬술이 포함되지 않는다는 점에 있어 현대의 백과사전류와는 구분된다.[1)]

이수광의 『지봉유설』은 비록 분류별로 문목을 나누고 관련 자료들을 고대의 경사자집(經史子集) 등에서 고루 취하여 외견상 유서의 형식을 띠고 있기는 하지만, 특정 시문에 대한 자신의 평어나 찬술이 포함되어 있어 유서류보다는 저작류의 성격이 보다 두드러진다고 할 수 있다. 이와 관련하여 이수광은 『지봉유설』의 서문에서 다음과 같이 말하고 있다.

내가 보잘 것 없는 학식을 펼치는 것이 어찌 감히 저술의 숲에서 망령되이 흉내내는 것이겠는가? 한두 가지를 대략 기억해서 잊어버리는 것을 대비하고자 하는 것이 참으로 나의 뜻이로다. 일이 귀신과 괴이한 것에 관련된 것은 일절 수록하지 않았으며, 고인의 시문에 있어서는 간혹 나의 견해를 첨가하였으니, 참으로 심히 참람하고 지나침을 알고 있다. 그러나 감히 내 뜻이 옳다고 여기지는 않았으니, 식견을

---

1) 한미경, 2014, 「중국 유서의 편찬과 분류에 대한 연구」, 『서지학연구』 59집, pp.208~209.

갖춘 자가 선택하기를 바랄 뿐이다.[2]

　　이에 비해 『유원총보』는 찬술 없이 휘편으로만 이루어져 있으며 총 47권의 분량에서 26문으로 구분하여 분류의 치밀함을 이루고 각 문별 항목 또한 총 645목으로 세분되어 있어, 그 형식과 내용에 있어 가히 종합 유서로서의 면목을 갖추었다고 할 수 있다.

　　『유원총보』의 편찬 목적에 대해서는 김육이 직접 쓴 서문에 상세히 소개되어 있다.

　　우리 동방은 본디 문헌이 많아 족히 징험할 수 있는 나라로 알려졌으며, 또 대대로 중국과 통하여 문장의 성대함이 중국을 능가하였다. 그러나 불행하게도 수십 년 이래로 전란이 계속해서 일어나, 서책은 소가 땀을 흘리게 하지 못하고, 재주는 말에 기댄 채 시문을 짓는 수준이 되지 못하였으니, 어찌 깊이 개탄하지 않을 수 있겠는가? 지난날의 자취를 두루 고찰하는 데는 축목(祝穆)의 『사문유취』보다 더 나은 것이 없다. 그러나 학사(學士)와 대부(大夫) 가운데도 이 책을 가지고 있는 사람이 오히려 적은데, 하물며 먼 외방의 선비들에 있어서랴? 지난해 여름에 내가 한가한 부서에 있으며 비로소 이 책을 초록하여 번잡스러운 것은 빼버리고 그 요지만을 남겼다. 그리고 『예문유취』, 『당유함』, 『천중기』, 『산당사고』, 『운부군옥』 등 여러 책에서 표제에 따라 넣고 빼고 하여 빠뜨려진 것을 보충하고 문장을 가다듬었다. 그리하여 한 질 안에 수백 권의 정수를 포괄하고 책 이름을 『유원총보』라 하였다 ……

---

2) "余以款啓劣識, 何敢妄擬於述作之林, 略記一二, 以備遺忘, 寔余志也. 若事涉神怪者, 一切不錄, 而於古人詩文, 間或參以臆見, 則固知僭越之甚. 然非敢以己意爲是, 惟具眼者擇焉." 李睟光, 『芝峯類說·序』

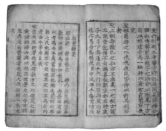  

구황찰요(救荒撮要) (목판본)
(국립한글박물관 소장)

벽온신방(僻瘟新方) (언해본)
(원간본 추정, 국립한글박물관 소장)

황명기략
(皇明紀略)
(국립중앙박물관
소장)

아아, 내가 어찌 좋아서 이 일을 하였겠는가! 사고의 서책이 진(秦)의 분서에 다 없어졌고, 천금을 주고 사오던 일도 연경(燕京)의 시장에서 길이 끊어져 버렸도다. 내가 참람함을 잊고 감히 찾아서 모은 것은 그 뜻이 있는 것이니, 그 정은 참으로 슬프기만 하다.…[3]

　　임진왜란과 병자호란의 병란을 연이어 겪으면서 조선에서는 대부분의 서적이 소실되어 학문과 사장(詞章)의 토양이 없어져 버렸으며, 이를 안타깝게 여긴 김육이 유서 편찬을 통해 그 부족함을 보충하려 하였음을 알 수 있다.

　　김육은 생전에 『구황찰요(救荒撮要)』, 『벽온방(僻瘟方)』 등 백성의 생

---

3) "吳東素稱文獻之足徵, 且歷世通中國, 文章之盛, 方駕於華夏. 不幸數十年來兵火繼起, 書不汗牛, 才無倚馬, 安得不爲之深噫也. 博攷往蹟, 無過於祝氏事文, 而學士大夫有此書者尙少, 況邏遠之繾綣乎. 去年夏, 余在閫局, 始抄此書, 劃去繁宂, 存其旨要. 兼取藝文類聚, 唐類函, 天中記, 山堂肆考, 韻府群玉等諸書, 因其標題而增損之, 補其闕漏而潤色之. 一帙之中, 包括數百卷之精粹, 名之曰, 類苑叢寶 … 塢呼, 余豈樂爲此哉. 四庫之書, 燒盡於秦灰, 千金之易, 路絶於燕市, 余所以忘其僭越, 敢爲搜輯者, 其意有在, 其情誠可悲也…" 金堉, 『類苑叢寶·序』

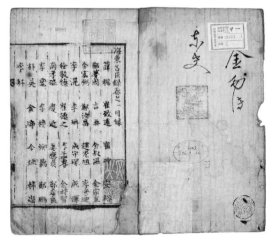

해동명신록
(국립중앙박물관 소장)

종덕신편(種德新編)
(성호기념관 소장)

활에 도움을 될 만한 책들을 언해로 번역하고『황명기략(皇明紀略)』,『삼대가시대전집(三大家詩大全集)』,『해동명신록(海東名臣錄)』,『종덕신편(種德新編)』 등 많은 책들을 직접 간행하였는데,[4]『삼대가시대전집』서문에서 "불행하게도 병란으로 인해 서적이 다 흩어져 반딧불과 달빛에 비추어 공부하는 무리들이 혹 그 재주를 다하지 못하였다. 이에 내가 그들을 가련히 여겨 지난해에 경서를 인쇄하고 지금 또 이 책을 인쇄해 반포하였다."[5]라고 말한 바와 같이『유원총보』또한 참고할 서적이 부족하여 학습에 어려움을 겪는 선비들을 위한 목적에서 간행되었음을 알 수 있다.

　　그가『유원총보』의 주저본으로 삼은『사문유취』는『고금사문유취』를

---

4) 천혜봉, 2001,「잠곡 김육의 편저자와 활자인쇄」,『민족문화』24.

5) "不幸金革, 書籍散失, 囊螢映月之徒, 莫或盡其才, 余爲之愍然, 往年印經書, 今又印此而布之." 金堉,『三大家詩大全集·序』

가리키는 것으로, 송 이종(理宗) 순우(淳祐) 연간(1246)에 축목(祝穆)에 의해 간행되고 후에 부대용(富大用)과 축연(祝淵)이 보충하여 총6집 236권으로 구성된 중국의 대표적인 유서이다. 여기에는 상고시대부터 송대에 이르기까지의 자료들이 전문(全文)으로 인용되고 있으며 문장의 출처 또한 나타나 있다.

이보다 앞서 당 고조(高祖) 무덕(武德) 연간(624)에 간행된 『예문유취』가 다만 군서요어(群書要語)와 고금사실(古今事實)만을 수록하고 있는 것에 비해, 『고금사문유취(古今事文類聚)』에서는 여기에다 고금문집(古今文集)까지 포괄하고 있어 시문학습자에 있어서는 더할 수 없이 좋은 참고자료였다. 다만 이는 권질이 지나치게 많고 항목에 따라 중복된 내용 또한 그대로 수록하고 있는 경우가 많아 조선의 실정상 이를 그대로 따라 간행하기에는 한계가 있었다. 따라서 당시 조선의 형편과 실정에 따른 현실적 이유에서 이에 대한 새로운 편찬과 간행의 필요성이 있었고 이것이 곧 조선의 고유한 성격의 유서 출현의 원인이 되었다고 할 수 있다.

김육이 『유원총보』의 편찬에 또한 참고하였다고 언급한 『당유함(唐類函)』(명, 신종, 만력, 1618), 『천중기(天中記)』(명, 신종, 만력, 1569), 『산당사고(山堂肆考)』(명, 신종, 만력, 1594) 등은 모두가 명 신종(神宗) 만력(萬曆) 연간에 간행된 것이며, 『운부군옥』은 원 성종(成宗) 대덕(大德) 연간(1307)에 간행된 대표적인 운별 유서였다. 이러한 상황에 비추어 보면 결국 『유원총보』는 당시까지 중국에서 최고 권위를 지녔던 『고금사문유취』를 바탕으로 하여 그것의 저본이 되었던 『예문유취』를 포함시키고, 당시로서는 최신의 유서라 할 수 있는 명대에 간행되었던 유서들까지도 함께 포괄한 것이었다. 따라서 『유원총보』는 다만 시문 학습에 있어서의 도움이

라고 하는 실용적인 목적뿐 아니라 정통성 확보의 차원에서 중국 유서의
전통을 한국에서 계승하고자 한 목적이 있었으며, 아울러 비록 그 본질적
성격이 주제별 유서이지만 운별 유서의 내용 또한 참고하여 보충함으로
써 운별 유서를 별도로 간행할 수 없었던 당시 조선의 현실적 제약을 극
복하고자 하였다고 할 수 있다.

3.『유원총보(類苑叢寶)』와 중국『유서(類書)』의 비교

역대 중국 유서의 편찬 수량과 현전 수량에 대해서는 학자들마다 견
해가 다양하여『중국대백과전서』에서는 약 400여 종으로 분류하고 있으
며 중국 유서에서는 약 1,600종으로 분류하는 등 그 차이가 매우 크게 나
타나고 있다. 이는 유서에 대한 정의와 분류 기준의 차이에서 기인한 것
으로, 사실 고대부터 유서는 서목에 따라 자부나 사부, 또는 잡가(雜家)의
한 유형으로서 다양하게 분류되어 왔다.[6]

중국에서는 삼국시기 위나라 때 편찬된『황람(皇覽)』이후 청대에 이
르기까지 다양한 성격과 유형의 유서들이 출현하였는데, 위의『황람』
을 비롯하여 북조의『수문전어람(修文殿御覽)』, 당대의『예문유취(藝文類

---

6) 전통적인 사부분류법에 따르면 유서는 처음에는 史部에 속하였다가 후에 子部 중 일부로
분류되었으니, 일례로『수서·경적지』에서는 유서를 자부의 잡가류로 분류하고 있으며,
『구당서·경적지』에서는 잡가에서 분리하여 事家로,『신당서·예문지』와『송사·예문지』,
『명사·예문지』,『사고전서총목』에서는 子部 유서류로 분류하고 있는 등 그 분류의 기준
이 일치하지 않고 있다. 중국 유서의 역사적 분류의 상황에 대해서는 한미경, 앞의 논문,
p.218,〈표 4〉참조.

(영인)태평광기언해   고금도서집성양본
(국립한글박물관 소장)   (충청남도 역사문화연구원)

聚)』,『문관사림(文官詞林)』,『초학기(初學記)』, 송대의 『태평어람(太平御
覽)』,『태평광기(太平廣記)』,『책부원귀(册府元龜)』, 명대의 『영락대전(永樂
大全)』, 청대의 『고금도서집성(古今圖書集成)』 등 많은 유서들이 관찬유서
(官撰類書)로서 편찬되었다. 이는 중국에서 유서가 황제 어람용 성격으로
서 정사에 활용하기 위한 목적을 지니고 있었음을 보여주는 것으로, 대규
모의 인원이 동원된 거질의 유서가 출현할 수 있게 된 배경이 되었다.

　물론 이외에도 사찬유서(私撰類書)로서 당대 우세남(虞世南)의 『북당
서초(北堂書鈔)』, 백거이(白居易)의 『백공육첩(白孔六帖)』, 왕발(王勃)의
『평대비략(平臺秘略)』, 송대 장여우(章如愚)의 『산당고색(山堂考索)』, 진원
정(陳元靚)의 『사림광기(事林廣記)』, 명대 팽대익(彭大翼)의 『산당사고(山
堂肆考)』, 진요문(陳耀文)의 『천중기(天中記)』, 청대 진정경(陳廷敬)의 『패
문운부(珮文韻府)』 등과 같은 전문적인 유서들이 출현하여 문인 학사들의
학식 함양과 시문 학습에 많은 도움을 주기도 하였으니, 중국의 유서는

관찬과 사찬이 함께 이루어짐으로써 정사와 학식, 시문 학습 등에 있어 상보적인 역할을 담당하였다고 할 수 있다.

이에 반해 한국의 유서는 사찬유서의 성격이 보다 두드러졌으니, 현재 남아 있는 대부분의 유서들이 단책이나 수권 이내의 비교적 적은 분량이거나 필사본인 것에서도 그 성격을 짐작할 수 있다.[7] 그러나 『유원총보』는 비록 개인이 편찬한 사찬유서이면서도 중국의 대표적인 관찬유서인 『예문유취』의 체제를 따라 보충된 『사문유취』를 저본으로 삼음으로써 그 체제나 내용 및 분량 등에 있어 관찬유서적인 성격을 갖고 있다.

이렇듯 사찬유서 위주의 한국 유서 전통에서 『유원총보』는 그 부족한 부분을 보충해주고 있는 가히 보옥과 같은 존재라 할 수 있다. 다음에서 『유원총보』와 그 참고가 되었던 중국 유서들을 체제와 형식 및 내용으로 구분하여 비교하고, 그 한국적 계승과 수용의 양상을 고찰해 보기로 한다.

1) 체제와 형식

『유원총보』는 총 26문에 645목으로 이루어져 있으며 개별 소항목은 5,000여 개에 이르고 있다. 그 세부 내용은 다음과 같다.

천도(天道) 34목·천시(天時) 38목·지도(地道) 50목·제왕(帝王) 46목·관직(官職)

---

7) 우리가 접할 수 있는 한국의 유서들은 대개 15세기 이후 등장하는데, 한국 유서의 현황에 대해서는 최환의, 2003, 「한국 유서의 종합적 연구(2) −한국 유서의 간행 및 특색」, 『중어중문학』 32집에 상세하게 소개되어 있다.

77목·이부(吏部) 17목·호부(戶部) 11목·예부(禮部) 30목·병부(兵部) 24목·형부(刑部) 6목·인륜(人倫) 29목·인도(人道) 15목·인사(人事) 51목·문학(文學) 11목·필묵(筆墨) 4목·새인(璽印) 4목·진보(珍寶) 14목·포백(布帛) 6목·기용(器用) 26목·음식(飮食) 10목·관복(冠服) 7목·미곡(米穀) 9목·초목(草木) 42목·조수(鳥獸) 51목·충어(蟲魚) 21목·별집(別集) 2목

　　『사문유취』는 총74부에 1,003목이며『예문유취』는 총 46문에 727목으로 이루어져 있으니, 체제상 문목의 유형과 항목 수에 있어『유원총보』는 주저본이었던『사문유취』보다는『예문유취』에 보다 가까웠다고 할 수 있다. 이는 서문에서 밝히고 있듯이『사문유취』가 번다하고 중복된 면이 있었기 때문이기도 하지만, 이보다는『예문유취』에서의 문목 체제를 최대한 따르고 유지함으로써『유원총보』가 비록 김육 개인의 사찬유서이지만『예문유취』와 같은 관찬유서로의 성격을 보다 강화하려 한 것이었다고 볼 수 있다.

　　『유원총보』보다 약 30년 정도 먼저 편찬된『지봉유설』의 경우 부의 수는 총 25부로『유원총보』와 거의 유사하였지만[8] 목의 총수가 182목에 불과하여 내용이 매우 소략하였고 찬술의 내용 또한 적지 않았다. 따라서『유원총보』는 '분목'과 '휘편'으로 이루어지는 중국 유서의 전통을 계승하는 한편, 개별 항목 수 또한 최소한『예문유취』의 분량에 맞춤으로서『지봉유설』과 같은 사찬유서의 소략함을 극복하고자 하였다고 할 수 있다.

---

8)『지봉유설』의 각부는 天文·時令·災異·地理·諸國·君道·兵政·官職·儒道·經書·文字·文章·人物·性行·身形·言語·人事·雜事·技藝·外通·宮室·服用·食物·卉木·禽蟲으로 분류되어 있다.

　『유원총보』의 중국 유서 전통의 계승은 문목의 순서를 통해서도 드러나는데 『예문유취』나 『사문유취』, 『초학기』를 비롯한 전통적인 중국 유서들이 천(天)-지(地)-인(人)-사(事)-물(物)의 순서로 문목을 배열하며 '경천존군(敬天尊君)'의 관념을 반영하고 있는데, 위에서 제시한 문목 순서에서도 알 수 있는 것처럼 『유원총보』 또한 이를 그대로 따르고 있다.

　문목별 세부 내용의 구성 방식에 있어서도 『사문유취』에서의 방식을 그대로 따르고 있으니, 이에 대해 『유원총보』의 〈범례〉에서는 다음과 같이 말하고 있다.

　이 책은 전적으로 『사문유취』를 본떴으며, 대제목 아래에 먼저 여러 책들의 중요한 말을 쓰고 고금의 사실을 언급하였다. 시대의 전후는 하나같이 순서대로 할 수 없어 혹은 위에 혹은 아래에 두었다.[9]

　『사문유취』는 『예문유취』의 체제를 따라 각각의 목에 관련한 군서요어(群書要語)와 고금사실(古今事實)을 기술하면서 추가로 고금문집(古今文集)을 덧붙였는데, 『유원총보』는 『사문유취』의 구성방식을 차용하여 다만 해당 목과 관련한 유래나 역사적 사실들을 제시할 뿐 아니라 관련 시문들을 종합하여 제시함으로써 실제 시문의 학습과 창작에 있어서도 도움이 되도록 하였다.

　다만 『사문유취』가 관련 시문들을 시기별 구분 없이 종합적으로 취합

---

9) "此書專倣事文類聚, 大題目之下, 先以群書要語書之, 次及古今事實. 世代前後不能一依次序, 或上或下書之."『類苑叢寶·凡例』

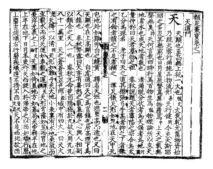

『유원총보』의 문(門)별 기술의 예

하고 있는 반면, 『유원총보』에서는 중국 시문에 대한 이해와 인식이 상대적으로 부족한 우리 문인들의 처지를 고려하여 이를 최대한 시기 순으로 배열함으로써 이를 통해 보다 효과적이고 체계적인 학습이 가능하도록 배려하였다.

이러한 사실은 『유원총보』가 중국 유서의 전통을 계승하면서도 이를 맹목적으로 수용하지는 않고 나름의 고유한 체제와 형식을 갖추었음을 보여주는 것이라 할 수 있으니, 이는 당시 조선의 실정과 상황에서 기인한 것이었다. 〈범례〉에서는 또한 다음과 같이 말하고 있다.

고금의 사실 또한 제목으로 삼았는데 매 제목마다 행을 달리하면 책의 분량이 많아지기 때문에, 제목을 음각자로 새기고 다음에 한 글자를 띄우고 이어 적어 열람에 편리하도록 하였다.[10]

고금의 문집에는 혹 대가의 전집도 있고, 혹 긴요하게 감상하지 않아도 될 것도 있는데 모두 수록하지 않았다. 다만 드물게 보이는 기문은 취했는데, 동약(僮約), 축빈(逐貧), 풍우대(風雨對), 취향기(醉鄕記)와 같은 것들이 그것이다.11)

---

10) "古今事實亦爲題目, 而每題別行, 則簡秩積多, 故題目以陰字刻之, 仍爲開一字連書, 以便閱覽." 『類苑叢寶·凡例』

11) "古今文集, 或有大家全集, 或有不緊吟味者, 並不錄. 只取罕見奇文, 如僮約逐貧風雨對醉鄕記之類, 是也." 『類苑叢寶·凡例』

『유원총보』의 목별 기술의 예　　　　　　　『유원총보』의 중복 항목 기술의 예

한 가지 일이 혹 다른 제목에 보이는 것은 두 군데에 적고, 혹 '아무개 문에 보인다'라고 적어 서로 참고하게 하였다.[12]

　『사문유취』에서는 고금의 사실을 하나의 목(目)으로 삼아 행을 달리하여 기록한 반면, 『유원총보』에서는 이를 이어서 기록함으로써 전체적인 분량을 크게 줄였다. 한편 이러한 경우 필연적으로 초래되는 열람에서의 혼란과 불편함을 최소화하기 위하여 제목을 별도로 음각으로 새겨 부각시켰다.

　또한 『사문유취』가 대부분의 시문을 전문으로 수록하고 있는 반면, 『유원총보』에서는 필요에 따라 그 일부만을 선별하여 수록하였다. 따라서 이미 널리 알려져 있어 다른 전집들에서 쉽게 찾아볼 수 있거나 상대적으로 그 중요도가 떨어진다고 생각되는 시문들은 생략하면서도 오히려 쉽게 찾아볼 수 없는 기문들은 누락시키지 않고 기록하였다. 아울러 『사문유취』가 다른 문목에서 공동으로 들어갈 문장이 있으면 모두 수록하고 있는 것에

---

12) "一事或見於他題者, 兩書之, 或以見於某題門書, 互相備也." 『類苑叢寶·凡例』

비해,『유원총보』에서는 중복되는 부분들은 과감히 생략하고 '아무개 문에 보인다(見某門)'라 표기하여 이전 기록을 참고하게 하였다.

양대 전란 이후 많은 서적들이 소실되고 새로이 책을 출간하기에도 여의치 않았던 당시 조선의 상황에서 『유원총보』는 다양한 서적을 포괄하면서도 최대한 분량이나 부피를 줄일 수 있는 방법을 강구하여야만 하였고, 이러한 제약은 『유원총보』가 중국 유서의 전통을 계승하면서도 또한 한국 유서의 고유한 특성을 지니게 되는 결과로 나타나게 되었다.

2) 내용

『유원총보』는 그 세부 항목의 내용에 있어서도 중국 유서 전통의 계승과 한국적 수용의 양상이 드러나고 있다. 15세기 이후 등장하기 시작한 한국의 유서는 실학자들에 의해 집중적으로 편찬된다. 당시 실학자들은 지식과 문헌의 백과전서식 집성을 통해 사유활동의 개방을 촉진하였으며, 성리학자들이 이단으로 여겼던 사상들까지도 그 지식의 대상이 되었다. 박학을 바탕으로 한 실용적인 학문을 중시했었던 실학자들의 태도는 수많은 자료의 분류와 수집이라는 유서의 성격과 맞았으며 이는 특히 『물명고』,『물명괄』,『물명찬』,『물보』,『시식다명』 등과 같이 박물문에 속하는 물명고(物名考)류의 유서 편찬에서 두드러지게 나타났다.[13]

실학자였던 김육이 편찬한 『유원총보』에서도 이러한 성격은 그대로

---

13) 최환, 2003,「한국 유서의 종합적 연구(2) -한국 유서의 간행 및 특색」,『중어중문학』32 집, pp.90.

드러나고 있으니, 〈범례〉에서는 또한 다음과 같이 말하고 있다.

공허하고 황당한 말은 이치에 맞지 않아 의당 취하지 말아야 하지만, 월계(月桂), 기석(機石), 선가(仙家), 석가(釋家), 도가(道家)와 같은 것은 예로부터 유전되어 시인들이 시로 읊는 자료가 되었기 때문에 그대로 보존하였다.[14]

김육이 언급한 위의 내용들은 『사문유취』에는 없는 항목이나 내용을 새로이 추가한 것으로, 같은 실학자였던 이수광이 『지봉유설』의 서문에서 "일이 귀신과 괴이한 것에 관련된 것은 일절 수록하지 않았다."라고 한 것보다 한 걸음 더 나아간 것이었다고 할 수 있다.

『유원총보』의 문목의 구성에 있어서도 『사문유취』와의 차이점을 발견할 수 있는데, 전혜진의 연구에 따르면, 『유원총보』의 총26문 645목 중 443목이 『사문유취』와 일치하여 전체적으로 보아 68.68%만이 일치율을 나타내고 있다. 이중 천시(天時), 관직(官職), 예부(禮部) 인륜(人倫) 등 10문에서는 80% 이상이 일치하고 있는 반면, 병부(兵部), 호부(戶部), 형부(刑部), 제왕(帝王) 문에서는 30% 이하 일치율을 나타내고 있다.[15] 이 중에서도 특히 병부에서는 24목 중 1개만 일치하고 있는데, 이 항목은 『당유함』의 항목과 거의 100% 일치하고 있다.

또한 의사(醫司), 협객(俠客), 용사(勇士), 석교(釋教), 산수(算數)의 항목

---

14) "浮虛誕妄之說, 不近於理, 所當不取, 而如月桂機石仙釋道家之類, 自古流傳, 以爲詩人吟味之資, 故並仍存之."『類苑叢寶·凡例』

15) 전혜진, 2015, 『유원총보의 편찬과 간행에 관한 서지학적 연구』, 성균관대학교 석사학위논문.

는 『사문유취』에는 없는 항목들로서 다른 참고 유서들에서 보충하고 있
는데, 『금수만화곡(錦繡萬花谷)』이나 『산당사고(山堂肆考)』에만 수록되어
있는 내용들이 포함되어 있다. 이는 『유원총보』가 『사문유취』를 바탕으
로 하면서도 광범위하게 참고 유서들을 인용하였으며, 그 범위는 서문에
서 언급한 5종보다 광범위했었음을 보여준다. 이외 『유원총보』에는 인도
(人道) 문(門)의 '시생(始生)' 목(目) 등과 같이 『사문유취』를 비롯해 다른
참고 유서들에도 없는 항목들이 존재하고 있는데, 이는 세부 항목 내용의
기술상의 특징과 함께 『유원총보』의 독창적이고 고유한 면을 보여준다.

　그러나 『유원총보』의 독창적인 면이 무엇보다도 두드러지게 드러나
는 부분은 目 아래 개별 소항목의 표제부분이라 할 수 있다. 『유원총보』
가 참고한 중국 유서들은 『천중기』를 제외하고 개별 소항목에 모두 표제
어를 달고 있는데, 『유원총보』에서는 소항목에서 이들의 내용을 인용하
면서도 많은 소항목에 있어 표제어는 그 의미가 보다 분명하면서 이해하
기 쉽고 핵심적인 표현으로 새롭게 달고 있다. 예를 들어 기용(器用) 문의
26목 중 '경(鏡)' 목을 보면 아래로 총41개의 소항목이 인용되어 있는데
이 중 7개의 표제어가 『사문유취』나 『산당사고』와 일치할 뿐 나머지 34
개는 독창적으로 쓰여지고 있다.[16]

　『유원총보』에서는 중국 유서들에 비해 다양한 문헌의 인용과 축약적

---

16) 『유원총보』에서는 '화제 보석으로 만든 거울[火齊鏡]'로 되어 있는 소항목이 『산당사고』
에서는 '저거국에서 바치다.[沮渠貢]'로, '심장을 비추는 거울[照心鏡]'이 『사문유취』에서
는 '심장과 쓸개를 비추어 보이다.[照見心膽]'로, '신선의 보배 거울[飛精寶鏡]'이 『산당사
고』에서는 '꿈에서 들고 가다.[夢中持去]'로 되어 있는 등 『유원총보』의 표제어가 소항목
의 내용을 보다 핵심적이고 분명하게 나타내고 있다.

표현이 두드러지게 나타나고 있는데, 이는 매 항목 내에서 다만 참고 유서 내용의 축약뿐 아니라 다양한 유서의 결합으로 나타나고 있다. 다음에서 인도(人道) 문의 '시생(始生)'목 중 '생공상중(生空桑中)'의 한 소항목을 예로 들어 본다.

◇ 빈 뽕나무 안에서 태어나다.[生空桑中]

○ 이윤(伊尹)의 어머니는 이수(伊水) 가에 살고 있었다. 임신을 하였는데 꿈에서 신이 그에게 일러 말하기를, "절구에서 물이 나오면 동쪽으로 달아나고 돌아보지 마시오."라고 하였다. 다음날 절구에서 물이 나오는 것을 보고 이웃에게 알리고 동쪽으로 10리를 달아났다가 돌아보니 그 마을이 모두 물이 되었고 몸은 속이 빈 뽕나무로 변했다. 신씨(莘氏)의 여자가 뽕을 캐다가 빈 뽕나무 안에 잉태되어 있는 아이를 발견하였다. 따라서 그를 이윤이라 이름하고 그 군주에게 바쳤다. 군주가 요리사에게 그를 기르게 하니, 자라서는 어질어 은(殷) 탕왕(湯王)의 재상이 되었다. 옥정(沃丁) 8년에 세상을 떠나니, 나이는 백여 세였고 짙은 안개가 사흘 동안 끼었다. 옥정은 천자의 예로써 장사지내고 기현(杞縣)에서는 태뢰(太牢)로써 삼년상을 지내어 큰 덕에 보답하였다.(伊尹母, 居伊水之上. 旣孕, 夢有神告之曰, 曰水出而東走, 無顧. 明日, 視曰水出, 告其隣, 東走十里而顧視, 其邑盡爲水, 身因化爲空桑. 有莘氏女子, 採桑得孕兒于空桑之中. 故命之伊尹, 而獻其君. 令庖人養之, 長而賢爲殷湯相. 沃丁八年卒, 年百有餘歲, 大霧三日. 沃丁葬以天子之禮, 杞以大牢臨喪三年, 以報大德)

위 내용에서 앞부분은 『사문유취·낙생부(樂生部)』에서 해당 부분을 축약하여 인용한 것이며, '옥정(沃丁)' 이하 뒷부분 역시 『태평어람·무(霧)』에서 축약하여 인용한 것이다. 이와 같이 『유원총보』의 많은 항목에서는 다른 유서들의 내용을 하나로 결합하고 이 또한 축약을 통해 인용하여 가능한 한 많은 서적을 제한된 편폭에 담아냄으로써 '다양화'와 '집약화'라는 소기의 목적을 달성하고 있다.

그러나 이러한 목적과 의도는 또한 『유원총보』의 단점이자 한계로 나타날 수밖에 없었으니, 크게 다음의 두 가지를 꼽을 수 있다.

첫째, 항목에 따라 내용이 지나치게 축약되어 있으며, 적지 않은 연문(衍文)이나 오자(誤字)가 존재하여 정확한 내용 파악이 어려운 부분이 존재한다. 다음에서 기용(器用) 문의 안장(案杖) 목 중 '각궤우묘(刻几尤妙)'의 한 소항목을 예로 들어본다.

◇ 안궤를 깎는 것이 특히 절묘하다.[刻几尤妙]
○『이원(異苑)』의 기록이다. 역양(歷陽)의 석수지(石秀之)에게 홀연 평건(平巾)과 고습(袴褶) 차림을 한 한 사람이 나타나 그에게 말하기를, "듣기에 그대의 빼어난 기술이 공수반(公輸般)과 장석(匠石)에 짝하고 안궤를 깎는 것이 특히 절묘하다고 하여 태상부군(太上府君)께서 부르십니다."라 하였다. 석수지가 스스로 진언하기를, "유정(劉政)이 잘 만듭니다."라 하였다. 몇 십일 뒤 (유정이) 죽었다.(異苑. 歷陽石秀之, 倏有一人著平巾袴褶, 語之曰, 聞君巧侔班匠, 刻几尤妙, 太上府君相召. 秀之自陳云, 劉政能造. 數旬而殞).

위 내용을 보면 마지막 부분에서 누가 죽었는지 분명하지 않으며 내용파악 또한 용이하지 않다. 해당 부분은 송 유경숙(劉敬叔)의 『이원(異苑)』 권5에서 채록한 것으로, 원문을 보면 "석수지가 스스로 진언하기를, '유정이 잘 만듭니다.'라 하니 그 사람이 이에 갔다. 몇 십일 뒤 유정은 죽

설문해자(說文解字)
(국립중앙박물관 소장)

었고 석수지는 여전히 살아남았다. 유정은 안궤를 만드는 것으로 이름이 있었는데 마침내 이 때문에 죽게 되었다.(秀之自陳云, 劉政能造, 其人乃去. 數旬而劉殞, 石氏猶存. 劉作几有名, 遂以致斃)"라 되어 있어 죽은 대상과 이유가 분명하게 나타나 있다. 『유원총보』에서는 이 뒷부분을 축약하였기 때문에 의미의 연결이 순통치 않은 한계를 피할 수 없었다. 이와 같은 한계들은 시문 창작의 전고(典故) 참고용으로서의 『유원총보』의 실질적인 효용성이 의심되는 부분이기도 하다.

둘째 인용된 원문에 대한 신뢰성이 다소 부족하다. 『유원총보』가 비록 인용문에 대해 출처를 밝혔다고는 하지만 현존 서적과 다른 부분들이 있으며 아예 출처를 밝히지 않은 부분도 상당수 존재한다. 예를 들어 천도(天道) 문 한재(旱災) 목과 천시(天時) 문 서(暑) 목에서 다음과 같이 말하고 있다.

> ○ 『여씨춘추(呂氏春秋)』의 기록이다. 탕(湯)임금 때의 가뭄은 7년 동안 계속되어 모래를 태우고 돌을 녹였다.(呂氏春秋. 成湯之旱七年, 煎沙爛石)
> ○ 『설문해자(說文解字)』의 기록이다. 봄의 말뜻은 '꿈틀거림'이다. 만물이 꿈틀거리면서 생겨난다는 것이다.(說文. 春之爲言蠢也. 物蠢而生)

여기서는 출전을 『여씨춘추』와 『설문해자』라 하고 있지만 실제로는

각각 『설원(說苑)』과 『석명(釋名)』의 잘못이다. 이와 같은 출전의 오류뿐
아니라 연호나 연도 또는 고유명사의 잘못 또한 적지 않으니, 천시(天時)
문 서(署) 목 하나에만 국한하더라도 다음과 같은 오류를 발견할 수 있다.

- 정작(鄭灼)은 자(字)가 무소(茂昭)이다. 일찍이 책을 읽고 있을 때 날이 몹
  시 더웠다. 오이로 심장 부위를 눌렀던 것은 심장을 서늘하게 하기 위해서였
  다.(鄭灼, 字茂照. 嘗讀書時, 大熱. 以瓜鎭心, 欲涼之也) → '照'는 '昭'의 잘못
  이다.
- 가정(嘉定) 6년 겨울에 날이 따뜻하여 얼음이 얼지 않고 우레가 있었으며, 곤
  충들이 칩거하지 않았다.(開禧六年, 冬煖, 無冰有雷, 昆蟲不蟄) → '開禧'는 '嘉
  定'의 잘못이다.
- 건염(建炎) 3년 6월에 오래도록 흐리더니 장마 비가 내리고 추웠다. 경방(京
  房)이 이르기를, "정직한 자를 해치는데도 주벌(誅罰)하지 않는 것, 이를 일러
  도적을 기르는 것이라 한다."라고 하였다. 후에 반란을 일으킨 장수들을 연이
  어 주벌하였다.(建炎二年六月, 久陰, 霖雨而寒) → '二'는 '三'의 잘못이다.

물론 이러한 잘못은 많은 경우 주저본과 참고 유서에서 이미 보이는
한계이기도 하지만, 이들의 내용에 대한 교정이나 교감 없이 다만 이들의
내용만을 바탕으로 편찬이 이루어진 것은 『유원총보』에서 가장 커다란
아쉬움이 남는 부분이라 할 수 있다.

4. 맺음말

　　『유원총보』는 『지봉유설』에 이어 우리나라에서 편찬된 두 번째로 주제별 유서로서, 중국 유서의 편찬 기준을 따르면서도 우리의 처지와 실정에 따라 분류 항목과 세부 서술 방식을 변화시킴으로써 중국 유서 전통의 한국적 계승과 수용의 양상을 잘 보여주고 있는 유서라 할 수 있다. 『유원총보』에서는 중국의 대표적인 유서인 『사문유취』를 바탕으로 『예문유취』, 『당유함』, 『천중기』, 『산당사고』, 『운부군옥』 등 5종의 다른 유서들을 참고하여 보충하였는데, 본 연구에서는 체제와 형식 및 내용으로 구분하여 이들 중국 유서들과 『유원총보』와의 공통점 및 차이점에 대해 살펴보고 그 의의와 한계에 대해 고찰해 보았다.

　　『유원총보』는 임진왜란과 병자호란 이후 국내의 많은 서적들이 소실되고 새로이 책을 간행할 수 있는 여건이 여의치 못한 상황에서 문인들의 학습 참고용을 목적으로 편찬되었다. 따라서 가능한 한 많은 정보를 짧은 편폭에 집약적으로 수록해야 하는 필요성이 있었으며, 이는 체제와 형식 및 내용의 서술 방식에 있어 압축과 생략, 축약, 타 유서 내용들의 결합이라는 고유한 형태로 나타나게 되었다. 또한 비록 김육 개인의 사찬유서이지만 관찬유서가 존재하지 않는 당시 현실에서 중국에서 관찬유서가 했었던 역할을 아울러 겸하고자 하였으니, 기본적으로 『예문유취』와 같은 관찬유서의 분류 기준을 따르면서 대량의 거질로 편찬하였다. 따라서 한국에서 유서가 주로 사찬유서로서 소량의 필사본으로서 편찬되었던 상황을 고려하면, 중국 유서의 전통을 계승하면서도 우리의 목적과 현실에 맞게 창조적으로 편찬된 주제별 종합유서로서의 『유원총보』의 가치와 의미는 가히 다른 어떤 유서들보다도 높다고 할 수 있을 것이다.

　그러나 이와 같은 조선의 현실과 여건에 따른 『유원총보』 편찬의 목적과 필요성은 또한 이것의 단점과 한계의 원인이 되기도 하였으니, 지나친 내용의 축약이나 잘못된 출전 및 내용의 인용 등은 다만 내용파악의 어려움뿐 아니라 시문 학습의 참고용으로서의 그 본질적 효용성을 떨어뜨리는 결과를 낳게 되었음을 부정할 수 없다.

〈참고문헌〉

1. 원전

김육 편, 『類苑叢寶』, 서울대학교 규장각한국학연구원 소장본.

2. 저서

유엽추 저, 김장환 역, 2000, 『중국유서개설』, 학고방.

이영주 외, 2016, 『유원총보』 역주 1 - 5, 서울대학교출판문화원.

최환, 2008, 『한중유서문화개관』, 영남대학교출판부.

김영선, 2003, 『한국유서의 서지학적 연구』, 중앙대학교 박사학위논문.

3. 논문

김영선, 2003, 「中國 類書의 韓國 傳來와 受容에 관한 硏究」, 『서지학연구』 26.

김형태, 2016, 「朝中日 類書類의 특성 비교 연구」, 『韓民族語文學』 73.

천혜봉, 2001, 「잠곡 김육의 편저자와 활자인쇄」, 『민족문화』 24.

전혜진, 2015, 「유원총보의 편찬과 간행에 관한 서지학적 연구」, 성균관대학교 석사학위
    논문.

최환, 2003, 「한국 유서의 종합적 연구(1) - 중국 유서의 전입 및 유행」, 『중국어문학』 77.

최환, 2003, 「한국 유서의 종합적 연구(2) - 한국 유서의 간행 및 특색」, 『중어중문학』 32.

한미경, 2014, 「중국 유서의 편찬과 분류에 대한 연구」, 『서지학연구』 59.

제4장
『성호사설(星湖僿說)』과 당쟁사 이해

원 재 린*

* 연세대학교

1. 머리말

『성호사설(이하 '사설')』은 조선후기 실학자 이익(李瀷, 1681~1763)의 대표적인 저술로 일찍부터 역사학계의 주목을 받아왔다.[1] 그 결과 이기 심성론 중심의 주자학 일변도의 학문풍토에서 벗어나 정치·경제 개혁론을 중심으로 하는 경세치용의 학풍을 진작시킨 저술로 자리매김하였다. 이후 실학 연구가 철학·문학·서학·과학사 분야로 확대되면서 백과사전의 성격을 띤 유서(類書)로서 『사설』이 갖는 가치가 더욱 조명되었다.[2] 비록 일관된 서술체계를 갖추고 있지는 않았지만 천지·만물·인사·경사(經史)·시문문 등 다양한 분야에 걸쳐 학문적 관심을 제고시켜 인식의 확대

1) 정인보, 「朝鮮古典解題(十三); 李椒園忠翊의 椒園遺藁」, 『동아일보』 1931년 3월 30일 ; 한우근, 1960, 『이조후기의 사회와 사상』, 을유문화사 ; 이우성, 1966, 「이조후기 근기학파에 있어서의 정통론의 전개」, 『역사학보』 31.

2) 한우근, 1977, 「《성호사설》」, 『민족문화』 3 ; 박성래, 1985, 「《성호사설》속의 서양과학」, 『진단학보』 59 ; 유인희, 1985, 「《성호사설》의 철학사상」, 『진단학보』 59 ; 문철영, 1986, 「성호 이익의 사회사상과 그 구조 -《성호사설》을 중심으로」, 『사회와 역사』 4 ; 김남형, 1996, 「성호의 비평의식 -《성호사설》의 〈시문문〉을 중심으로-」, 『한국한문학연구』 19 ; 송지원, 2002, 「《성호사설》 통해 본 성호 이익의 음악인식」, 『한국실학연구』 4 ; 임종태, 2003, 「17·18세기 서양 과학의 유입과 분야설의 변화 -《성호사설》분야의 사상사적 위치를 중심으로」, 『한국사상사학』 21 ; 손용택, 2006, 「《성호사설》에 나타난 지리관 일고찰 -〈천지문〉을 중심으로」, 『한국지역지리학회지』 12 ; 김채식, 2011, 「《성호사설》과《오주연문장전산고》의 저술성향 비교 검토」, 『동아시아고대학』 26 ; 심승구, 2011, 「〈만물문〉을 통해 본 성호 실학의 현대적 의미」, 『성호학보』 10 ; 이민주, 2011, 「《성호사설》〈만물문〉에 보이는 복식기록 검토」, 『동아시아고대학』 26 ; 함영대, 2015, 「《성호사설》을 읽는 몇 가지 시각 -〈경사문〉을 중심으로」, 『성호학보』 16 ; 강민구, 2016, 「《성호사설》의 문헌 인용 양상에 대한 실증적 분석」, 『동방한문학』 67 ; 손계영, 2016, 「《성호사설》의 형성 배경과 인용서목 분석」, 『한국도서관·정보학회지』 47 ; 심경호, 2017, 「성호의《사설》과 지식구축」(1)·(2), 『민족문화』 49·50, 2017.

성호 이익 초상   성호 이익 묘소 전경

를 가져왔다는 평가를 받았다.

이처럼 『사설』을 대상으로 하는 연구가 최근에 이르기까지 양적·질
적 확대를 이루었지만, 여전히 재야실학자의 단독 저술로서 『사설』의 성
격에 한정하여 전공 분야별로 내용을 분석하고, 그 특징을 규명하는 데
에만 머물고 있다. 이는 학파를 형성하여 친우(親友) 및 문인 제자 간 밀
접한 유대관계를 맺으며 활발한 학술 활동을 펼쳤던 이익의 학문 이력을
온전히 반영하지 못한 것이다. 한 단계 진전된 연구를 모색하기 위해서는
『사설』에서 분야별로 제기된 주요 논점을 학파의 차원으로 확대시켜 관
련 성과들을 함께 분석해야 할 것이다.[3] 이때 주목되는 주제가 바로 당쟁
사이다.

당시 이익은 청남계(淸南系)를 대표하는 학자로 본인 의지와 상관없

---

3) 대표적으로 鄕政論을 들 수 있다. 『사설』에서 제기된 향정운영 사례와 그 지향은 안정복
의 『臨官政要』에 반영되었고, 『목민심서』 편찬에 적지 않은 영향을 끼쳤다.(원재린, 2011,
「조선후기 성호학파의 향정론 계승 양상」, 『한국사상사학』 37 및 2014, 「근기남인계 목민
학 전통과 《목민심서》」, 『다산과현대』 6 참조)

동소만록(桐巢漫錄) 上
(성호기념관 소장)

이 정치권과 직·간접적으로 관계를 맺고 있었다. 이로 인해 학문 활동 과정에서 서인·노론으로부터 적지 않은 압박을 받기도 하였다.[4] 더욱이 여주(驪州) 이씨 가문 출신이라는 점에서 이익은 평생토록 정파적 입장을 견지하였다.[5] 이는 『사설』 곳곳에서 전사(前史)에 발생했던 주요 사건이나 인물에 대한 자설에 반영되었다. 이때 주목되는 점은 관련 내용이나 관점이 당대 남인계 당론서(黨論書)에서도 발견된다는 사실이다. 이 시기 대표적인 당론서로는 『동소만록(桐巢漫錄, 이하 '만록')』과 『대백록(待百錄)』, 그리고 『조야신필(朝野信筆, 이하 '신필')』 등을 들 수 있다. 앞선 두 책의 찬자인 남하정(南夏正, 1678~1751)과 홍중인(洪重寅, 1677~1752)은 이익과 교유하였으며,[6] 황덕길(黃德吉,

---

4) 『사설』 권21 「경사문」 '不恥下問'(민족문화추진회 역, 1979) ; 『영조실록』 21년 11月 3일 ; 『順菴集』 권2 「書」 '上星湖先生別紙甲戌' 참조. 황덕길은 『신필』 「七賢辨誣擬疏」에서 金孝元 이래 許穆·洪宇遠·尹善道·權大運·李觀徵·尹鑴·이익·안정복·蔡濟恭 등의 높은 학식과 역량, 핍박 받은 양상을 간략히 정리하였다. 그 중 이익과 안정복에 대해서는 학문적으로 서학으로부터 유학의 학통을 수호한 학자로 평가하였다. 이익은 異學이 만연하는 상황에서 正學을 주창한 공로를, 안정복 역시 이단의 학설을 물리치고 고증하는 책을 편찬한 점을 소개하였다.

5) 이성무, 2000, 「성호 이익의 가계와 학통」, 『한국실학연구』 2 ; 신항수, 2007, 「성호 이익 가문의 학문」, 『성호학보』 4 ; 신채용, 2017, 「《성호전집》墓道文字를 통해서 본 이익의 남인의리」, 『조선시대사학보』 80 참조.

6) 『星湖全集』 권65 「墓誌銘」 '桐巢南公墓誌銘幷序'(한국고전번역원 역, 2016) ; 위책 권27

성호 선생 문집

성호사설

1750~1827)은 안정복(安鼎福)의 직계제자로서 성호학통을 전수받은 인물
이었다.[7] 각각의 당론서에서 다루었던 사건과 인물, 정론(政論) 등은『사
설』에서도 언급되었는데, 상호 교감을 거치면서 찬술과정에 영향을 준
것으로 보인다.

   본고는 이 점에 주목하여『사설』에 반영된 당쟁사 이해를 관련 조목
들을 중심으로 살펴보겠다. 이를 위해 우선 당쟁 관련 논설 가운데 주요
하게 다루었던 사안을 조대별로 구분하여 소개하겠다. 아울러 당쟁과 같
은 현안을 기술하는데 적용된 질서 방식의 특징을 대략적으로 검토해봄
으로써『사설』의 성격을 짚어 보겠다. 다음으로 이익이 견지했던 청남계
정치성향과 붕당인식을 당대 정국동향과 관련하여 살펴보겠다. 대체로

   「書」'答南聖時問目' ; 위책 권64「墓誌銘」'成均生員南公墓誌銘' ; 위책 권6「詩」'挽洪都正亮
   卿重寅' ; 위책 권15「書」'答洪亮卿重寅○庚吾'.

7) 원재린, 2012,「《동소만록》에 반영된 남하정의 정국인식」,『역사와현실』85 및 2013,「조
   선후기 성호학파의 당쟁 인식 –황덕길의《조야신필》을 중심으로」,『역사와실학』51 ;
   2016,「조선후기 남인 당론서편찬의 제 특징」,『한국사상사학』53 참조.

이황 간찰첩(李滉 簡札帖)
(성호기념관 소장)

남명조식선생문집
(국립중앙박물관 소장)

청론(淸論)을 견지해 온 정파로서의 면모를 재확인하고, 당쟁 발생의 원인을 구조적 관점에서 구명한 견해를 내놓았다. 마지막으로 이러한 붕당관 형성에 반영되었을 당쟁사 인식을 주요 사건과 인물을 통해 분석하겠다. 이때 『사설』과 당론서를 상호 비교해 봄으로써 학파의 차원에서 당쟁사 이해가 확산되어 가는 과정을 구체적으로 논증하겠다.

2. 당쟁 관련 사설 구축과 질서(疾書)

『사설』에 실린 당쟁 관련 언설은 대체로 인사문, 경사문·시문문에 분포되었다.[8] 이를 유형별로 구분해보면 기본적으로 앞선 시기 주요 인물과 사건에 대한 논평이 다수를 차지하였다. 그 뒤를 이어 전반적인 당쟁사 이해를 전제로 갈등을 촉발하는 원인과 구조를 분석하고 그 해결방안

---

8) 본고에서는 당쟁사 인식과 관련하여 「인사문」 54건, 「경사문」 8건, 「시문문」 7건 등을 주요하게 활용하였다. 이익이 당쟁 관련 사설을 본격적으로 제시하지 않은 것은 구성상의 제약도 있겠지만 본인과 가문이 처했던 정치 상황과 무관치 않다고 본다.

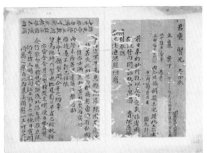

서애 선생 문집 서(필사본, 1993년)
(국립한글박물관 소장)

장현광 필 간찰
(국립중앙박물관 소장)

을 제시하는 사설이 실려 있다. 시기별로 주요 내용을 살펴보면 다음과
같다.

가장 먼저 이황(李滉)을 들 수 있다. 학통상 남인을 대표한다는 점에
서 다양한 일화가 소개되었다.[9] 학자로서 면모뿐 아니라[10] 경세가로서의
식견도 소개되었다.[11] 한편, 조식(曺植)과의 관계에 대해서는 사상적 차이
에도 불구하고 포용적이고 우호적 관계를 유지했음을 부각시켰다.[12] 비
록 남인과 북인으로 분기되었지만 동인을 원류(原流)로 하였음을 의식한

---

9) 『대백록』은 이황의 학설을 서인 비판의 주요한 소재로 활용하였다. 즉 理氣互發論에 입각
하여 이이의 氣發理乘論을 비판하였다. 이기심성론을 정파 간 우위를 평가할 수 있는 기
준으로 상정하고, 정통성을 지닌 퇴계학통이 정치적으로 우위에 있다는 입장을 견지하였
다. 『대백록』의 주요한 특징은 추후논고를 통해서 구명하기로 한다.

10) 『사설』 권1 「천지문」 '東方人文'.(민족문화추진회 역, 1979)

11) 위책, 권7 「인사문」 '退溪先見'.

12) 위책, 권7·9 「인사문」 '淫訟'·'退溪南冥'.

 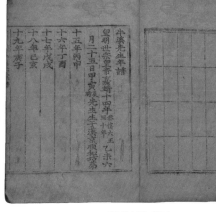

강원 강릉 오죽헌
이이의 벼루
(국립중앙박물관 소장)

우계 성혼 연보
(강릉 오죽헌시립박물관 소장)

것으로 보인다.[13] 상대적으로 이이(李珥)·성혼(成渾) 관련해서는 이황과의 사이에서 발생한 갈등이나 사소한 질책에 대해서 숨기지 않았다.[14] 이황 이후 동인을 이끈 인물로 유성룡(柳成龍)을 들었다.[15]

이익은 임진왜란으로 나라가 망하지 않은 것은 이순신과 함께 그의

---

13) 당대 이르도록 河宗岳 後妻의 음행 사건을 빌미로 갈등을 부추기는 움직임이 지속되었다. 이에 홍중인도 이 문제를 거론하면서 양측 모두 우호적인 관계였음을 재천명하였다.(『대백록』, "…李龜岩以河家淫婦事 橫遭逆境 以書問處變之道 … 以此見之 兩先生本無爭競之端 又豈有分門各立之事耶.")

14) 앞책, 「人事門」 위책, 권9·15·16 「인사문」 '靜庵聽松'·'侵戲新進'·'從祀'.

15) 위책, 권15 「인사문」 '月川'. 남인계 당론서에서 류성룡은 기축옥사 처리의 주체로서 정철과 대비되어 서술되었다. 류성룡은 옥사 확대에 반대하면서 올바른 평결을 내리는데 힘썼다.

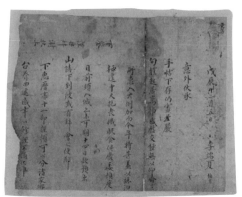

이항복 영정
(원주역사박물관 소장)

이단하 간찰
(경기도박물관 소장)

덕분이라고 극찬하였다.[16] 전반적으로 이익은 이황을 필두로 장현광(張顯光)에 이르도록 영남에 깃든 교화전통을 높이 평가하였다.[17] 이는 영남남인과 연계를 모색했던 당대 현실과 무관치 않다.[18] 선조대 주요 사건으로는 단연 기축옥사(己丑獄事)를 들 수 있다. 모주(謀主)인 길삼봉(吉三峯)은 누구이며, 치죄과정에 깊이 관여했던 이항복(李恒福)의 노고에 이르기까지 옥사의 실체를 파악하는데 관심을 보였다.[19] 주목되는 점은 옥사로 빚어진 당쟁의 결과 왜란이 발생했다는 인식이었다.[20] 당습(黨習)의 심각성

---

16) 위책, 권12 「인사문」 '日本地勢辨及擊朝鮮論' ; 위책, 권13 「인사문」 '鴨綠天塹'.

17) 위책, 권13 「인사문」 '嶺南五倫' ; 위책, 권1 「천지문」 '東方人文'.

18) 남하정은 『만록』에서 "退陶 선생이 성리학을 영남지역에서 크게 일으켰고, 이로써 영남 일대가 성리학의 본 고장이 되었으니 오로지 성리학 연구가 동인의 사업이 되었다."고 했다. 서인에 대해서는 이이와 성혼을 맞아들이면서 도학의 명성이 생겨났다고 보았다.

19) 앞책, 권12·17 「인사문」 '吉三峰'·'李白沙集' ; 위책, 권30 「시문문」 '白沙挽人詩'.

20) 위책, 권23 「경사문」 '玄蘇善偵'.

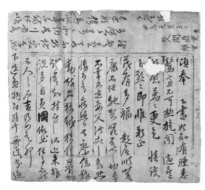

민정중, 민유중 필 간찰
(국립중앙박물관 소장)

윤지완 필 서첩
(국립중앙박물관 소장)

을 보여주는 실례인 셈이었다. 이 밖에 관련 사건으로 능변(陵變)을 들 수 있다.[21] 능변을 처리하는 과정에서 벌어진 갈등과 이를 계기로 제기된 화친논의 등이 주요한 논쟁거리였다.[22]

양란 이후로는 이괄(李适)의 난이 소개되었다. 훈신들이 만들어낸 사건으로 공적을 둘러싼 내부 갈등으로 규정하였다.[23] 예의 서인의 집권명분을 부정하는 관점을 드러낸 사례로 남인계 당론서에서 공히 언급된 사안이었다. 같은 맥락에서 국정을 농단하는 척리(戚里)의 문제점을 지적하면서 숙종대 박태보(朴泰輔)가 국구(國舅)에게 외직을 제수한 이단하(李端夏)를 탄핵한 일을 소개하였다.[24] 당시 국구는 민유중(閔維重)으로 노론

---

21) 위책, 권9·14「인사문」'宣靖陵'·'倭寇始末'.

22) 『대백록』「靖陵事」'奉審後呈大臣議'·'與李參議別紙'.

23) 앞책, 권15「인사문」'甲子之變'.

24) 위책, 권23「경사문」'四日四聰勳戚'.

남구만 초상
(국립중앙박물관 소장)

을 대표했던 인물이었다.[25] 외척 문제는 이익 붕당론의 핵심 사안으로 당습과 편당의식을 없애기 위해서는 반드시 척결해야 할 대상이 었다.[26]

이 시기 시사(時事)와 관련하여 주목했던 소론인사로 남구만(南九萬)과 윤지완(尹趾完) 이 있다. 남구만의 과거제 개혁안과 뛰어난 인 물을 천거한 윤지완의 안목을 높이 평가하였 다.[27] 이들은 노론과 달리 제도개선을 통해 당 쟁을 해소하는데 노력했던 인물로 묘사되었 다. 이익은 인재선발 문제를 당쟁을 극복할 관 건으로 보고 심도 있는 논의를 개진하였다.[28]

그 결과 탕평이야 말로 이해 관계를 둘러싼 갈등을 없앨 수 있는 대안으 로 간주하였다.[29]

당쟁과 같은 현안에 관심을 갖고 역사적 맥락에서 문제를 검토하고, 그 결과 이에 적합한 방안을 모색하는 일련의 방식은 『사설』에 구축된 지 식체계의 특징이었다. 곳곳에서 '余謂'·'余考'·'合以究之'·'余故曰'라고 하

---

25) 당대 남인의 최대 정적은 송시열이었다. 이익은 예송과 관련하여 비교적 제한적으로 거 론하였다.(위책, 권11「인사문」'己亥禮訟' ; 위책, 권20「경사문」'四種' ; 위책, 권30「시 문문」, '眉叟詩')

26) 위책, 권10「인사문」'薦拔畎畝'.

27) 위책, 권11·9「인사문」'南藥泉疏'·'薦人'.

28) 위책, 권7·8·10「인사문」'黨論'·'黨習召亂'·'易進之人' ; 위책, 권20「경사문」'明無朋黨'.

29) 위책, 권9·11「인사문」'朋黨'·'蕩平'.

이병휴 아내의 제문(祭文)
(성호기념관 소장)

장횡거
(수원박물관 소장)

정몽유어(正蒙類語)
(국립민속박물관 소장)

였듯이『사설』에 적용된 글쓰기는 단순히 전적을 모사하거나 다른 사람의 견해를 대변하고 있지 않다. 해당 주제에 대해 철저히 궁구한 결과가 사설에 반영되었던 것이다. 이병휴(李秉休)가 지적하였듯이『사설』은 "글을 읽고 일에 응하는 여가에 견문을 통해 터득하거나, 사색을 통해 터득한 것이 있으면 그때마다 기록한 결과물"이었다.[30] 이같은 글쓰기는 이익이 평생 활용하면서 문인들에게 전수했던 '질서'의 방식이기도 했다.

질서는 장횡거(張橫渠)의 '묘계질서(妙契疾書)'를 따른 것이었다. 장횡거가『정몽(正蒙)』을 지을 때 빨리 적어놓지 않으면 곧 잊어버릴 것을 염려하여 거처하는 곳마다 벼루와 붓을 갖추어 두고, 혹 밤중이라도 해득한 것이 있으면 일어나서 촛불을 켜고 써 놓았다. 단순히 메모 습관으로 볼 수 있던 질서가 경전을 보다가 해득된 바 있으면 곧 의문표를 붙여 기록

---

30)『성호전집』부록 권1「家狀從子秉休」, "或得於見聞 或得於思索 則輒隨而記之 積緊成帙 名曰 僿說."

하는 것[31]으로 의미가 확장되었다.

이렇게 심사숙고하여 획득한 지식에 대해서 '余見'[32]·'余嘗驗之'·'每驗之'[33]·'余每驗之'[34]·'余鄕居多驗之'[35]라고 하여 가능한 현장에서 직접 확인하거나 증험해 보려 했다. 그는 세거지 근처 여행을 돌아다니거나[36] 나라 안을 두루 다니면서[37] 자설을 확충하였으며,[38] 일정한 목적을 갖고 특정 지역을 찾아간 일도 있었다.[39] 심지어 아들이 고을 수령으로 부임했을 때의 경험까지도 끌어다 활용하였다.[40]

이익이 질서를 활용하여 사설을 작성한 이유는 분야별로 현실에 활용 가능한 유용한 정보를 얻기 위해서였다. 스스로 밝혔듯이 "잘 보고 채택한다면 백 가지 중에 한 가지 정도는 얻을 것이 없겠는가?"라고 반문한 데에서 잘 나타나 있다. 그 지식 활용의 결과는 하민(下民)의 덕(德), 즉 민생을 안정시키는 것이었다. "주나라 이후로 문(文)이 순수한 데로 돌아 가지 못한 지가 오래되었고, 하민의 덕은 그 폐단이 심해지기에 우리 같

---

31) 앞책, 권29 「시문문」 '妙契疾書', "…或夜中有得起而取燭書之…余看經有見便卽箚疑 題曰疾 書…."

32) 위책, 권10 「인사문」 '用裕難節'.

33) 위책, 권1 「천지문」 '月麗畢'·'災異' ; 위책, 권7 「인사문」 '本政書'.

34) 위책, 권11 「인사문」 '忠臣殺身'.

35) 위책, 권11 「인사문」 '郡邑官隷'.

36) 위책, 권2 「천지문」 '八方風' ; 위책, 권5·6 「만물문」 '蜂巡'·'木綿' ; 위책, 권7 「인사문」 '巫'.

37) 위책, 권7 「인사문」 '京輦士林' ; 위책, 권15 「인사문」 '寺刹度牒'.

38) 위책, 권1·3 「천지문」 '圍圩櫃田'·'轅田' ; 위책, 권7 「인사문」 '黃戊辰'.

39) 위책, 권9 「인사문」 '奴婢還賤'.

40) 위책, 권16 「인사문」 '水軍'.

名門赤々系 金枝玉面英
風端世宜才 今無如富達牷形
神終有死生涯莊龜塗尾
公何憾荊壁屯輝士所悲感念
先君嘗愛惜當時非獨外親私
恨校駹興業潛證再禩痛哭耎

이잠 만시
(李潛 輓詩)
(성호기념관 소장)

은 소인배들이 세속과 더불어 같이 흘러가서 걸핏하면 말이 많아지는 것을 이 책을 통해 볼 수 있다.”[41] 이익은 하민의 덕을 어렵게 만드는 원인 가운데 하나로 당습을 꼽았다. 당쟁의 악습으로 인해 백성은 살아갈 방도를 잃게 되었고, 나라는 다스려지지 않게 되었던 것이다.[42] 심지어 사란(思亂)을 모색할 지경이라고 우려 섞인 경고도 내 놓았다.[43]

출사의 뜻을 접고 은거했던 재야학자가 『사설』을 편술하면서 당쟁에 관심을 갖고 민생과 결부시켜 이해한 데에는 당대 정국 동향이 끼친 영향을 간과할 수 없다. 당시 남인은 숙종대 후반 노론 주도의 정국에서 경종대 신임옥사(辛壬獄事)를 거쳐 영조대 탕평기에 이르도록 급격한 부침을 겪었다. 이 시기가 대체로 『사설』 작성 기간과 겹친다는 점에서 더욱 유의해 보아야 할 것이다.[44] 그 구체적인 양상에 대해서는 그가 견지했던 정

---

41) 위책, 自序.

42) 위책, 권8「인사문」'黨習召亂'.

43) 위책, 권7·10「인사문」'衰季思亂'·'治盜'.

44) 당대 이미 『사설』은 공세의 빌미가 되었다. 안정복은 『星湖僿說類選』 편찬과 관련하여 이익이 "나에게 묻지 말고 모두 삭제하고 조금만 남겨 둠으로써 끝없는 시비를 모면하게 해 주면 다행이겠다.”고 회고하였다. 아울러 '쓸데없는 말'이라고 하여 '사설'로 명명한 것도 이점을 미리 우려한 결과였다고 했다.(『순암집』 권8「書」'答黃莘叟書戊申') 『만록』 역시 훈척들에 의해 금지되어 제대로 전해지지 못하였다고 했다(『溪堂集』 권9,「題跋」, '下廬黃公所編朝野信筆跋'). 남인 저술이 유포·확산되는 것을 막는 현실적인 압박이 엄존하였다.

치 성향과 관련하여 살펴보겠다.

3. 청남(清南) 정치성향과 붕당 인식

이익이 당쟁 관련 사설을 남기게 된 데에는 가족사를 거론하지 않을
수 없다. 즉 당쟁에 희생된 둘째형 이잠(李潛)[45]의 죽음이었다. 이 사건을
계기로 그는 출사의 뜻을 접고 광주(廣州) 첨성리(瞻星里)에 은거하면서
학파를 형성하였다.[46] 이잠의 죽음은 결과적으로 자신만의 학문체계를
구축하고, 청남계 산림으로 좌정시키는 계기가 되었던 것이다.[47]

주지하다시피 이잠은 갑술옥사(1694, 숙종 20)이래 노론 주도의 정국
에서 세자시절 경종을 보호하기 위해 상소를 올렸다가 장살(杖殺)되었다.
당시 이잠은 인현왕후의 죽음과 관련하여 희빈 장씨에 대한 처벌논의가

---

45) 이잠에 대해서는 『사설』에서 한번 언급되었다. 당시 정황은 구체적으로 알 수 없으나 이
   잠이 이익에게 "재상은 당시 임금도 소중히 여기는 것이거늘 마을거리의 아이들이 종의
   이름처럼 마구 부른다." 하면서 이것을 지적하여 근세의 아름답지 못한 풍속이라 하였
   다. (앞책, 권12 「인사문」 '斥呼宰相')

46) 이잠의 죽음에 대한 이익의 심경은 문집 곳곳에 남아 있다.(『성호전집』 권1 「詩」 '輓咸
   卿', '有兄有兄昔死國…我時西奔避世憂…' ; 위책, 권9 「書」 '上息山' ; 위책, 권15 「書」 '答吳
   永伯光運○丙辰' ; 위책, 권57 「祝文」 '二兄西山先生褒贈告廟文' ; 위책, 권57 「祭文」 '再祭玉
   洞文')

47) 영·정조대 활약했던 주요 청남계 인사들은 성호학파와 밀접한 교유관계를 맺고 있었다.
   영조대 吳光運과 姜樸, 정조대 채제공·李獻慶·丁範祖 등은 해당 시기 이익을 중심으로 尹
   東奎·愼後聃·안정복·李家煥·정약용 등과 교유하였다.(박광용, 1994, 「조선후기 〈탕평〉
   연구」서울대학교 박사논문 ; 김성윤, 1997, 『조선후기 탕평정치 연구』, 지식산업사 ; 원재
   린, 2001, 「영·정조대 성호학파의 학풍과 정치 지향」, 『동방학지』 111 참조).

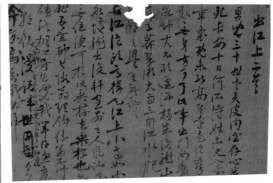

송시열 초상
(국립중앙박물관 소장)

김춘택시고
(제주민속자연사박물관 소장)

제기되자 세자를 모해하려는 송시열과 김춘택(金春澤)을 제거하지 않으면 종사가 위태롭다는 상소를 올렸다.[48] 임부(林溥)가 신사옥사(辛巳獄事, 1701) 국청에서 나온 '모해 동궁(謀害東宮)' 문제를 지적하였고,[49] 같은 해 이잠은 이 문제를 정치쟁점으로 확대시켰던 것이다.

이에 이잠은 노론의 집중 공세를 받게 되었고, 결국 모진 형문 끝에 세상을 떠났다.[50] 이잠의 상소는 갑술환국 이래 남인에게 덧씌워진 명의 죄인(名義罪人)의 혐의를 부정하고 새롭게 동궁보호 문제를 제기하여 정

48) 『숙종실록』 32년 9월 18일.

49) 『신필』 권3, 「幼學林溥疏」.

50) 남하정은 이잠에 대해 동방에서 흔히 볼 수 없는 뛰어난 선비라고 칭송하였다. 흉악한 무리들을 베어 버릴 것을 청하는 상소를 올려서 名義의 실상을 드러내어 소인의 마음을 파혜쳐서 바르고 공평하며, 엄정하면서도 능히 조화롭게 만들었다고 평가하였다. 아울러 이잠의 동생으로 이익을 소개하면서 이서와 함께 뛰어난 학행에도 불구하고 숨어 지내고 벼슬길에 나아가지 않았다고 했다.(『만록』 권3)

이귀 초상
(국립중앙박물관 소장)

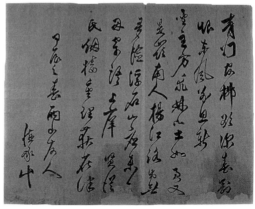

김덕승 간찰
(강릉 오죽헌시립박물관 소장)

국의 반전을 도모했다는 점에서 큰 의미를 지녔다.[51] 이와 관련하여 『사설』에서 청론을 대변했던 집안 내력을 소개[52]하는 항목이 실렸다.

먼저 증조 이상의(李尙毅)의 경우, 광해군에 대한 충절을 지킨 면모를 드러냈다. 평소 친분이 있던 이귀(李貴)가 반정에 참여시킬 요량으로 이

---

51) 해당 상소는 『신필』에서 인용되었다.(『신필』 권3, 「幼學李潛疏」) 황덕길이 그 상소를 주목한 것은 서인들이 내세웠던 명의의 내용을 남인의 입장에서 새롭게 전환시켰기 때문이었다. 기왕의 서인이 주장했던 명의는 인현왕후 복위와 관련된 것이었지만, 이잠은 이 것을 동궁 보호로 바꾸어 그간 남인들에게 덧씌워진 죄목을 부정하고 일거에 만회하여 정국의 주도권을 회복하려는 의도를 갖고 있었다.

52) 이익은 집안 내력을 소개할 때 마다 청론을 표방한 사실을 부각시켰다. 구체적인 사례로 무신년(1728, 영조 4) 변란에 참여하지 않은 점을 사례로 제시하였다. 즉 李麟佐의 난에 大家名族의 인사들이 연좌되었지만 오직 여주 이씨만은 형옥의 죄안에 오른 사람이 하나도 없었다는 것이다.(『성호전집』 권53, 「記」 '登科記')

이하진 필적(筆跡)
(성호기념관)

상의를 방문하였다. 마침 그때 사위 김덕승(金德丞)이 곁을 지키고 있어서 말을 건네지 못하였다. 그런데 이는 이상의가 의도했던 바로 우연이 아니었다는 것이다. 이미 이귀의 의중을 알아차리고 일부러 제삼자를 개입시켜 신하로서의 명분을 지키려 했다는 것이다. 여기에 더해 관료서의 능력을 보여주는 일화를 덧붙였다. 반정 직후 "오늘의 입상(入相)에 대해서 이상의(驪興)가 우선하고 우리들은 다음가야 마땅하다."는 말이 돌았다. 이로 인해 훈신들의 혐오와 시기를 받았다는 것이다.[53] 실제로 이상의는 반정직후 위성공신(衛聖功臣)에서 혁파되고, 품계가 강등되는 동시에 지중추부사로 좌천되었다. 능력 있는 관인유자가 충절을 지키기 위해 반정에 참여하지 않았는데, 역설적으로 반정공신의 시기를 받아 조정에서 쫓겨난 형상으로 묘사되었다.[54] 이상의는 개인의 이익을 돌아보지 않고

---

53) 앞책, 권9 「인사문」 '李延平'. 이밖에도 조부의 뛰어난 문장력을 李睟光의 언설을 통해 소개하였다.(위책, 권9 「人事門」 '少陵厚德')

54) 이러한 의도에서 편성된 항목으로 '甲子之變'(위책, 권15 「人事門」)을 들 수 있다. 인조반정 직후 발생한 이괄의 난을 다룬 것으로, 그 발생 원인으로 金瑬와의 불화에서 비롯된 각종 차별을 들었다. 즉 훈공에서 밀려나 평안병사로 좌천되었고, 아들 李旃과 아우마저 등용되지 못한 사실을 지적하였다.

군주에 대한 충정을 다한 신하였다. 반면, 반정 공신은 충신을 시기하여 내쫓은 소인배로 간주되었다. 이로써 공신들이 표방했던 명분의리에 대해 회의하게 만들고, 반정이 권력 찬탈에서 크게 벗어나지 않는다는 심증을 표명하였다.[55]

청류(淸類)로서의 면모는 부친 이하진(李夏鎭)에 대한 평가에서는 좀 더 구체적으로 기술되었다. 이익은 당대 대관(臺官)들이 족성(族姓)을 숭상한 나머지 한미한 문벌과 지체를 배격하는 풍토를 비판하였다. 그 말미에 문벌 숭상 풍조를 비판했던 부친의 언사를 덧붙였다. 과거 합격과 벼슬 획득 등은 모두 개인의 능력에 관계되는데, 그렇지 못함을 개탄하였던 것이다.[56] 대를 이어가며 청론이 전승되고 있음을 보여주는 사례였다. 또한 이익은 당대 경연제도의 문제점을 지적하면서 부친의 개선 방안을 소개하였다.

경연은 임금의 덕을 향상시킬 목적으로 마련된 제도로, 정치의 성패를 결정하는 관건이었다. 때문에 강관(講官)의 역량이 매우 중요하다고 보고, 경연에서의 강설(講說)을 전부 공개해야 한다고 하면서 부친이 제시했던 방안을 소개하였다. 이하진은 경연이 열리지 않은 날에도 옛 일을 써서 올리는 규례를 두어 끊임없이 연마했던 제도를 다시 회복할 것을 청하였다. 특별히『명신록』등에서 군신 간에 행할 할 바를 뽑아서 날

---

55)『만록』에서는 보다 직접적으로 이 문제를 靖社功臣 李澍의 발언을 통해 지적하였다. 종묘사직의 안정과 백성 보호를 명분으로 참여했던 이해가 반정 뒤 많은 사람들이 앞서 한 말을 실천하지 않고, 적몰 당한 집 재산을 둘러싸고 다투는 모습을 보고 부끄럽게 여겼다는 것이다.

56) 앞책, 권12「인사문」'不尙族姓'.

마다 몇 가지 일을 올릴 것을 제안하였고, 이는 마침내 관철되어 시행되었다.[57] 이하진은 군주를 보필함에 있어 잘못된 관행을 바로잡는 데 주저하지 않는 실천력을 겸비한 사려 깊은 관료였던 것이다.[58]

이처럼 이익이 『사설』에서 청론의 면모를 드러낸 것은 자신의 가문을 위시한 남인이 처한 정치 상황 때문이었다. 해당 시기 남인에게 씌워진 혐의는 명의죄인이었다. 기사환국(1689, 숙종 15) 당시 신하로서 인현왕후의 폐위를 적극적으로 막지 않았다고 해서 죄목이었다. 문제는 이것이 노론에 의해서 일방적으로 규정된 혐의로, 치열한 당쟁과정에서 상대 정파를 제압하기 위해서 설정된 프레임이라는 점이었다. 이로 인해 남인들은 누대에 걸쳐 폐고를 면치 못하였다.[59] "지금 성균관에 있는 자들은 대부분 밥만 먹고 구차히 이름만을 얻어, 붕당을 이끌어 서로 제휴하며, 개인의 이익을 위하여 남을 비방하는 자들이다."[60]고 한 평가는 이같은 정황을 반영한 표현이었다. 따라서 남인이라면 누구나 해당 혐의에서 벗어날 방안을 강구해야 했다.

이익은 편벽된 당론에 의해 왜곡된 국시(國是)를 교정해야 한다는 의견을 제시하였다. 붕당의 의론이 극심해지면서 어질고 어리석은 구별이 없어졌고, 국시의 논설이 대두됨에 착하고 악한 것이 전도되었다. 한 사

---

57) 위책, 권11·12 「인사문」 '筳說'·'書筳追記'.

58) 이근호, 2011, 「梅山 李夏鎭의 정치운영론」, 『성호학보』 9 참조.

59) 일례로 崔震瞻이라는 인물을 소개하였다. 朔州에 세거했던 최진첨은 黨議가 한창 치열할 무렵에 색목을 감추고 살았던 인물이었다. 시론에 아부하지 않은 어진 선비였지만 그가 다시 뽑혀서 등용되었다는 소문을 듣지 못했다고 하면서 한탄하였다.(앞책, 권10 「인사문」 '崔震瞻')

60) 위책, 권7 「인사문」 '通經科試館學儒生'.

람이나 일부 세력에 의해서 결정된 국시로 인해 나라가 망할 지경에 이
른 것이다. 곧 모든 사람이 공감할 수 있는 것이라야 국시로 인정할 수 있
다는 주장이었다. 그런데 지금 사람들이 매번 이로써 구실을 삼고 협박하
여 사욕을 채우려 하니, 참으로 가증스러운 일이라고 한탄하였다.[61] 이는
명의죄인처럼 노론에 의해 일방적으로 규정된 국시가 큰 문제라는 인식
을 반영한 것이었다.

이렇듯 국시가 문제인 이유는 편벽된 당론에 기인하였기 때문이었다.
당론이 발생하면서 사람들이 단지 이쪽만이 옳고 저쪽만이 그르다고 볼
뿐, 다시 다른 쪽의 생각 역시 마찬가지임을 알지 못하였다.[62] 즉 옳은 가
운데도 틀린 것도, 틀린 것 가운데도 옳음이 있다. 또 옳은 듯하면서도 틀
린 것이 있고, 틀린 듯하면서도 옳은 것이 있다. 그럼에도 불구하고 자기
는 옳고 상대는 틀렸다는 잘못된 인식으로 인해 편당(偏黨)의 폐단이 생
기게 되었다. 편당 속에서 생장하면 마치 굴속에서 모든 사물이 검게 보
이듯이 맹목적으로 당론을 따르게 되었다.[63]

이익은 편벽된 당론을 고수하는 현실적 이유로 관직 획득을 들었다.
당습이 고질화되면서 자당(自黨)이면 우둔한 자도 관중과 제갈량처럼 여
기고, 자당이 아니면 모두 이와 반대로 하였다.[64] 개인의 출사가 능력이
아니라 어느 편인지의 여부에 달렸다. 이에 사람들은 관직과 녹봉을 위해
당에 치우쳐 다툼을 일삼았고, 이를 얻기 위해서라면 죄짓는 것도 꺼려하

61) 위책, 권16 「인사문」 '國是'.
62) 위책, 권28 「시문문」 '異同同'.
63) 위책, 권7 「인사문」 '黨論'.
64) 위책, 권8 「인사문」 '黨習召亂'.

지 않고 온갖 고통도 감수하였다.[65] 붕당은 벼슬자리를 매개로 상호간의 이익을 공고히 보장해 주는 기관이었고, 당쟁이 치열해 지면서 붕당을 위해서라면 나라를 배신하는 일도 서슴지 않았다.[66]

이익은 현실적 이해 관계로 뭉친 붕당을 종당(宗黨)으로 규정하였는데, 그 특징은 인척 관계였다. 서로 사돈붙이가 아님이 없어서 마음이 밀착되고 일마다 결탁하여 대를 이어가면서 벼슬을 독차지하였다.[67] 이로 인해 권귀(權貴)의 자제들은 천치 바보를 막론하고 벼슬이 없는 자가 없고, 그 족척들과 문객들도 관직에 오르지 않는 자가 없게 되었다.[68] 혼인과 혈연 관계를 매개로 결집된 종당이 관직을 독점하고, 왜곡된 당론과 국시를 내세워 상대방을 제압하는 악순환이 반복되었던 것이다. 이로써 신료로서 갖추어야할 본연의 임무는 점차 상실되어 갔고 국정은 문란해 졌다. 이런 상황에서 군주를 높이고 백성을 도와서 나라가 다스려지기를 기대하기란 불가능하다고 전망하였다.[69]

이익은 당쟁을 극복할 대안으로 탕평에 주목하였다. 붕당에 반대되는 것이 바로 탕평이라는 것이다.[70] 탕평을 실현하기 위해서는 무엇보다 부귀의 원천이 되는 요소를 차단해야 했다. 붕당은 부귀를 도모하기 위해 만든 것인데, 이로움이 없다면 붕당을 만들지 않을 것이다. 현실적으로

---

65) 위책, 권6「만물문」'祝鷄知偏黨'.

66) 위책, 권10「인사문」'易進之人'.

67) 위책, 권10「인사문」'薦拔畎畝'·'外戚不得入謁'; 위책, 권7「인사문」'戚里之禍'.

68) 위책, 권14·12「인사문」'罷冗官'·'六蠹'.

69) 위책, 권7「인사문」'黨論'.

70) 위책, 권9「인사문」'朋黨'.

관직을 없앨 수 없는 상황에서 최선책은 벼슬만을 추구하는 무리를 제거하는 것이었다.[71] 물리적으로 상대를 제거할 수 없는 구조에서 탕평의 성패는 얼마나 공정하게 인재를 선발할 수 있느냐에 달려 있었다. 당시 정치 시스템 속에서 이를 실현할 주체는 국왕이었다.[72]

이익은 탕평을 추구한다고 하면서 관직이 한 세력에게 집중되는 것은 진정한 탕평이 아니라고 보았다. 이에 탕평을 명목으로 탕평당을 형성했던 소론 탕평파에 대해서 부정적이었다.[73] 단순히 양편을 다 취하는 조제보합(調劑保合)의 원칙에 입각하다보면 이도 저도 아니며 중간에 서서 붕을 세우는 것에 불과했을 뿐이었다.[74]

이익은 인재등용과 관련하여 모범사례로 성종을 거론하였다. 당시 벌열을 숭상하는 풍습이 심하지 않았는데, 이는 임금의 지도와 통솔에 따라서 그렇게 되었다는 것이다. 이때 등용된 인물로는 상진(尙震)과 구종직(丘從直), 반석평(潘碩枰)을 소개하였다. 상진과 구종직은 선음(先蔭) 없이 본인의 능력만으로 고위직에 오른 사례이고, 반석평은 노비 출신으로 재상의 후원을 받아 과거에 합격한 인물이었다.[75] 그런데 정작 영조대 탕평

---

71) 위책, 권10 「인사문」 '易進之人'.

72) 위책, 권7 「인사문」 '黨論'.

73) 위책, 권9 「인사문」 '薦人'. 당시 조문명의 딸이 세자빈에 간택되면서 세간에서는 당시 탕평을 추진했던 소론 세력을 '蕩黨'이라고 지칭하였다(『영조실록』 3년 8월 28일 ; 위책, 7년 10월 26일).

74) 위책, 권9 「인사문」 '朋黨'. 남하정 역시 영조 초반 정국을 '趙·宋의 천하'라고 폄하한 기사를 게재하면서, 소위 탕평론자들이 자신의 이익을 관철시키기 위해 가부를 모호하게 하고, 시비를 어물쩍 넘기면서 자리를 지키고 봉록을 유지하려 했다고 비판하였다.

75) 이익은 아들의 「行錄」에서 같은 일화를 소개하였다. 殿庭에서 射策을 시험 보아 합격했는데 영조가 나라를 경륜할 선비라고 칭찬하였다. 하지만 고관들이 임금의 마음이 쏠리

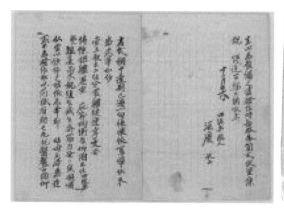

상진 간찰(소수박물관 소장)　　　　반석평 작 숙의문씨묘지석
　　　　　　　　　　　　　　　　　(인천시립박물관 소장)

시기에 등용된 사례는『사설』에서 찾아 볼 수 없다. 이는『만록』을 통해 유추해 볼 수 있는데, 그 사례는 이맹휴(李孟休)였다.[76]

　　영조 18년(1742) 이맹휴가 과거 급제하자 조정에서 논란이 벌어졌다. 오광운은 이하진의 손자로서 평소 해박하고 문장에 능한 것으로 이름이 세상에 알려졌다고 했다. 그리고 부친 역시 학문이 뛰어나 감역의 직책을 내렸지만 벼슬에 나아가지 않았다는 사실을 밝히면서 부친의 훈도에 따

는 것을 보고 질시하며 시기하였는데, 이잠의 일을 혐의로 삼아 험담하였다. 이에 영조가 조카라는 이유로 연좌시켜서는 어진 인재를 얻을 수 없다고 하면서 즉시 한성부 낭청에 제수하라고 명하였다.(『성호전집』권67「行錄」'亡子正郎行錄').

76) 이익은 아들의「行錄」에서 같은 일화를 소개하였다. 殿庭에서 射策을 시험 보아 합격했는데 영조가 나라를 경륜할 선비라고 칭찬하였다. 하지만 고관들이 임금의 마음이 쏠리는 것을 보고 질시하며 시기하였는데, 이잠의 일을 혐의로 삼아 험담하였다. 이에 영조가 조카라는 이유로 연좌시켜서는 어진 인재를 얻을 수 없다고 하면서 즉시 한성부 낭청에 제수하라고 명하였다.(『성호전집』권67「行錄」'亡子正郎行錄').

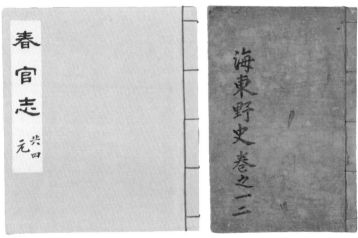

이맹휴의 춘관지 원(春官志 元)
(성호기념관 소장)

남합정의 해동야사(海東野史) 1책
(1~2권)(성호기념관 소장)

라 이맹휴가 문사로서 일찍부터 이름을 얻었다고 했다.[77]

반면, 원경하(元景夏)는 이잠의 조카라는 점을 지적하였다.[78] 노론에 맞서다가 장살 당한 이잠의 족류임을 부각시켜 보합대상으로 부적절하

---

77) 『만록』 권3, "…吳光運曰 此故叅判 夏鎭之孫也 素以該博能文 有名當世 其父學問甚高 曾爲 監役不仕 課子甚勤 故孟休 文辭夙成矣…." 오광운은 유년시절 이잠 문하에서 수학하면서 직접적으로 이익과 종유 관계를 맺고 있었다. 또한 이익의 청에 따라 이하진의 문집 서 문을 써주었는데 여기서 이하진의 정치적 위상을 허목의 의중을 받았던 인물로 평가함 으로써 청남 내 이익 집안의 정치적 위상을 부각시켰다.(『藥山漫稿』 권15 「序」 '剡溪遺稿 序'·'六寓堂集序')

78) 『영조실록』 18년 9월 18일. 이잠을 매개로 한 노론의 공세는 영조 즉위 이래로 지속되었 다. 영조 즉위하자 掌令 李彙晉의 상소로 인해 경종대 이잠에게 추증된 관직은 삭탈되었 다.(『영조실록』 원년 3월 7일) 탕평정국 초반까지도 이익 가문에 대한 압박은 크게 개선 되지 않았던 것이다.

만록(漫錄)
(국립민속박물관 소장)

황덕길의 하려집
(국립중앙박물관 소장)

다는 의도를 간접적으로 표시하였다.[79] 그러나 영조는 이맹휴를 불러서 조세법과 용인(用人)의 방도 등 시무에 대해서 물었고, 거듭 공적인 일에 힘쓰고 당심(黨心)을 갖지 말 것을 권면하였다.[80] 남하정은 '건극(建極)' 두 글자가 비록 진부한 말이 되었지만 이것 이외에는 다른 방도가 없다.' 고 결론을 맺었다.[81] 당색을 불문하고 인재선발 기준에 따라 적임자를 뽑은 영조야 말로 탕평을 기대해 볼 만한 국왕이었다.[82]

『사설』에서 언급된 당쟁 관련 자설에는 환국기를 거쳐 탕평정국에 이

---

79) 당시 남인의 출사를 막기 위해 노론이 제기한 논리가 逆統論이었다. 李載厚는 "경신년 (1680, 숙종 6)과 기사년(1689) 남인이 역적질을 했는데, 마치 도통이 서로 전해지듯 했 다."고 하며 논의를 확산시켰다.(『영조실록』11년 2월 14일)

80) 『만록』권3, "…宣政殿引見 上謂孟休曰 觀汝對策 似識時務 仍問我國租稅法 及用人之道 申戒 以務公 去黨之義…"

81) 위책, "…若以潛之侄而不用 則國家寧有可用之人乎 建極二字 雖爲陳談 此外無他道也."

82) 이잠의 조카 이맹휴의 등용은 청남에 대한 본격적인 解禁을 의미하였다. 이는 기본적으로 이잠이 표방했던 동궁보호 논리를 국왕 영조가 용인하는 가운데 정파로서의 청남 면모를 재고한 결과로 보여진다.

르는 시기 이익과 남인의 처지가 반영되어 있었다. 폐고의 상황을 극복하기 위해서는 무엇보다 기사남인의 혐의를 벗어야 했고, 이를 위해서는 이전부터 견지했던 청론을 견지했던 정파로서의 면모를 보여주어야 했다. 또한 당쟁이 격화된 것은 남인 일방의 책임이 아니라 편벽된 당론과 왜곡된 국시에 입각하여 상대를 제압하려는 정치운영방식의 문제라는 점을 명확히 했다. 그리고 당대 조성된 탕평의 분위기에 편승하여 현안에 대해 자기 목소리를 냈다. 이같은 붕당인식은 당쟁사의 관점에서 서인·노론에 의해 왜곡된 남인의 정치활동을 재조명하는 과정을 통해 형성되었다. 그 특징은 당대 남인계 당론서와 관련하여 살펴볼 때 온전히 파악할 수 있을 것이다.

4. 당쟁사 이해와 위상 제고(提高)

숙종대 이래 남인계 내부에서는 다양한 당론서가 편찬되었다.[83] 대표적인 저술로 『만록』·『대백록』·『신필』을 들 수 있다. 해당 당론서의 찬자들은 모두 이익과 직·간접적으로 학문교유 관계를 맺고 있었다. 특히 남하정과 『만록』에 대해서 이익은 "군자는 마음에 지니고 있는 본래 성품을 귀하게 여겼다."고 하였고, 안정복은 "선생의 도는 오직 올바름을 보존하였으며, 선생의 문장은 오로지 도를 기준으로 삼았다."고 평가하였다.[84]

---

83) 김용흠, 2012, 「조선후기 당론서의 객관적 연구는 가능한가」, 『역사와현실』 85 ; 2016, 「조선의 정치에서 무엇을 볼 것인가」, 『한국민족문화』 58 참조.

84) 안정복의 저술로는 『列朝通紀』가 주목된다. 남인계 당론서 전통 속에서 『열조통기』에 담

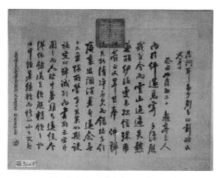

전송익필필간찰(傳宋翼弼筆簡札)
(국립중앙박물관 소장)

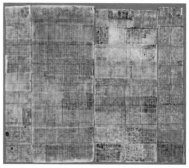

정철의 행적을 기리는 비석 탑본
(국립중앙박물관 소장)

또한 황덕길은 "내가 『만록』을 보았는데 자기 당파라고 해서 비호하지 않았고, 다른 당파라고 구애받지 않았으니 삼장(三長)을 갖춘 책이다."고 하였다.[85] 남하정과 『만록』을 매개로 사제 간 일정한 교감이 이루어졌음을 알 수 있다.

기본적으로 남인계 당론서들은 집필 목표를 서인·노론에 의해 왜곡된 정치사를 바로잡고, 이로써 폐고에 처했던 청남의 위상을 제고하는데 두었다. 이를 위해 동서 분당이래 편찬자가 생존할 당대까지의 시기를 대상으로 정치사를 정리하였다. 각 당론서 별로 편차는 있지만 주요하게 다루었던 사건으로는 선조대 동서분당·기축옥사, 임진왜란과 인조반정, 숙종대 환국과 예송 및 노소분기(老少分岐), 경종대 신임옥사, 영·정조대 탕평 등을 들 수 있다.

긴 정치사적 의미를 구명해야 할 것이다.

85) 『만록』 '桐巢先生略傳'.

수우실기
(삼척시립박물관 소장)

정개청의 곤재선생우득록
(국립중앙박물관 소장)

윤선거 필 우이하처시등주 (2-1)
(국립중앙박물관 소장)

간찰 김석주(金錫胄)
(국립민속박물관 소장)

윤증서간문
(국립중앙박물관 소장)

주요 인물로는 이준경(李浚慶), 송익필·정철·이이·성혼, 이황·이발·
최영경(崔永慶)·정개청(鄭介淸)·유성룡·이항복, 송시열·김석주(金錫胄)·
윤선거(尹宣擧)·윤증(尹拯)·박세채(朴世采), 허목(許穆)·허적(許積)·윤선
도(尹善道)·윤휴(尹鑴) 등이 있다. 당쟁이 격화된 시점에 발생한 정치적
사건과 관련 인사들이 망라되었다. 그중에서도 단연 기축옥사와 관련된
인물에 대한 재평가가 큰 비중을 차지하였다. 남인에게 기축옥사는 당쟁

박세채 초상
(경기도박물관 소장)

윤휴의 백호선생문집
(白湖先生文集) (국립
민속박물관 소장)

허목 미수 필첩
(경기도박물관 소장)

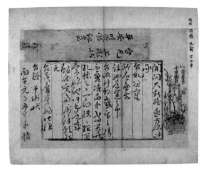

허적 간찰
(강릉 오죽헌시립박물관 소장)

윤선도 간찰
(국립중앙박물관 소장)

을 격화시킨 최초의 사건이자 자파에 대한 왜곡이 본격적으로 시작된 옥사였다.

이익 역시 기축옥사를 당쟁을 격화시킨 사건으로 규정하였다. 이를 계기로 나라를 위한 계책과 백성의 우려를 생각하지 않고 탐학과 뇌물이 성행하게 되었고, 마침내 왜란을 초래하였다. 왜적이 옥사에서 살육을 일

백사집(白沙集)
(여주박물관 소장)

삼고 정치를 살피지 않는 것을 엿보고 도발했다는 것이다.[86] 주목되는 점은 옥사의 빌미를 제공했던 정여립의 모역정황은 일단 사실로 판정하였다. 정여립보다는 억울하게 연루된 인사들의 무고를 풀어주는데 더 주력하였다.[87] 옥사의 성격을 다수의 피화자(被禍者)의 신원을 통해 재평가하려는 의도도 갖고 있었다. 대표적 인물로 최영경을 들 수 있다.[88]

최영경은 서인들에 의해 모주 길삼봉으로 간주되어 옥사하였다. 특별히 『대백록』에서는 기축옥사의 시비를 규명하기 위해 원정(元情) 등 1차 사료를 적극 활용하여 서인에 의해 왜곡된 정황을 바로잡는데 노력하였다. 이익 역시 억울함을 풀어줄 증거를 제시하였다. 그것은 선조 34년(1601) 발생한 길절(吉節)의 반란이었다. 길회(吉誨)의 아들 절이 제주도에 들어가 백성들의 원망을 이용해 반란을 일으키려 하다가 죽임을 당하였다. 당시에 "길절의 머리에 삼각(三角)이 있었으니 그가 바로 기축년의 이른바 길삼봉이다. 그렇다면 그 당시 죄수들이 말한 모두는 실제 그 인물이 있었고, 최영경의

---

86) 앞책, 권23 「경사문」 '玄蘇善偵' ; 『만록』 권1, "…己丑之獄 鉤引鍛鍊 三年未畢 冤死者 無慮 千有餘人… 將使靑丘數千里之地無復人類"

87) 위책, 권12 「인사문」 '吉三峰'. 南彦經의 일대기를 소개하면서 기축옥사를 '逆變'으로 기술하였다. 당시 전주 부윤으로 재직하였다는 이유로 白惟咸으로부터 무함을 받았다고 했다.(『성호전집』 권68 「小傳」 '靜齋南先生小傳')

88) 최영경의 인물됨에 대해서는 매화에 비견하여 淸高하다는 짧은 평가를 남겼다.(앞책, 권 5 「만물문」 '梅花不入騷')

억울함도 이로 인해 더욱 명백해졌다."는 말이 있었다. 이익은 역사를 보는 자로서 상고해 볼 만한 것이라 하겠다.[89] 이 사례는 기왕의 당론서에는 한 번도 제시되지 않은 증거였다. 이익 당대에 이르기까지 무고를 풀기 위해 남인이 기울였던 노력이 얼마나 집요했으며, 기축옥사를 재평가하는 일이 당대 갖는 정치적 의미가 얼마나 중요했는 지를 반증해 준다. 그 만큼 왜곡이 심각했다는 의미이기도 했다.

『사설』과 당론서에서 기축옥사가 무옥(誣獄)임 밝히는데 힘썼던 인물로 이항복을 공통되게 거론하였다. 이때 소개된 일화가 정률(鄭慄)의 죽음을 애도하면서 지은 시였다. 정률은 기축옥사 때 화를 당한 정언신(鄭彦信)의 아들로 부친의 억울함을 풀려다가 죽었다. 당시 문사랑(問事郞)으로 옥사를 주관했던 이항복이 시를 지어 바쳤고, 이는 30년이 지나 천장(遷葬)하던 중 관 속에서 발견되었다.[90] 그런데 이익은 단순히 사례를 소개하는 데 그치지 않았다. 사실 여부를 직접 확인하는 노고를 마다하지 않았다. 그 시가 광주(廣州)에 사는 성이 송씨인 사람의 집에 소장되어 있다는 말을 듣고 사람을 시켜 모사케 하였다.

이처럼 이익이 증거를 필사하여 확보하려했던 이유는 심각한 사료 왜곡 때문이었다. 본래 구분(舊本)인 강릉본 『백사집(白沙集)』에 실려 있던 것인데 금본(今本, 진주본)에서는 삭제되었다. 구본이 엄연히 현전하는 데도 불구하고 크게 꺼려 바로잡지 않았다. 이익은 이를 세상의 변괴라고

---

89) 위책, 권12 「인사문」 '吉三峰'.

90) 위책, 권30 「시문문」 '白沙挽人詩' ; 『만록』 부록, "…而李白沙與慄有交分 而時爲問郞知其冤 方開棺時 以挽詩一幅納於棺中…."

하면서 이렇게 삭제되거나 왜곡된 사례가 적지 않다고 보았다.[91]

『만록』에 따르면 이항복이 기축옥사를 원통한 일로 여겨 『기축록(己丑錄)』을 지었고, 그 내용이 강릉본에 실려 있었다. 그런데 그 내용을 꺼리던 서인에 의해 해당 내용이 지워졌고, 이후 진주에서 개작된 『기축록』만이 유포되었다. 유서 깊은 집안에서는 강릉본을 가지고 있었지만 노론의 위세가 두려워 감히 내놓지 못하였다.[92] 이익이 말하지 않은 전후 맥락을 좀 더 상세히 설명하였다. 홍중인은 새롭게 개작된 분량을 수치로 계산하여 소개하였다.[93] 당쟁 관련 증거를 끝까지 추적하여 확보하고 엄밀히 논증하여 바로잡으려 한 이유가 심각한 사실 왜곡에 대처하기 위함이었음을 재확인할 수 있다.

한편, 남인계 당론서에서 주요하게 다루었던 문제가 훈척(勳戚)이었다. 근본적으로는 서인 대부분이 훈척과 세가(勢家) 출신으로 대대로 권력을 장악한 세력이라는 인식이 깔려 있다.[94] 여기에 더해 인조반정 이래로 국혼(國婚)을 통해 권력을 유지·확장했던 집권 행태에 대한 비판적 관점 때문이었다.[95] 더욱이 경신환국(1680, 숙종 7)으로 서인 훈척에 의해 주도권을 잃은 상황에서 집권 과정의 문제점을 지적하고, 남인의 억울함을

---

91) 위책, 권30 「시문문」 '白沙挽人詩'.

92) 『만록』 권1, "…或云 一二舊家 江陵全本 猶有存者 亦有目睹傳說者 而畏老黨之勢 且不敢出云."

93) 『대백록』, "昨年得見江陵板舊本 則別集第四編第六丈 第六行爲始 至第八丈第二十行刊去… 鑿空處以丈數言之則三丈也 以行數言之 則五十九行也 而一丈二十二行 一行十八字 晋州則一丈二十行 一行二十字 以此計之 則江本文重九百餘字 以晋本比江本 則所加殆千餘字耳."

94) 『만록』 권1, "…西人太半 是勳戚勢家 世據權要…."

95) 위책, 권2, "癸亥 功臣輩約條有曰無失國婚…凡諸內間動靜 伺候有便 迎合投機 密勿綢繆 以固其寵利…."

풀기 위해서 반드시 거론해야할 상대의 약점이었다. 이익은 척리가 정치에 간여하는 것을 화로 규정하고 암탉이 새벽이 우는 흉조라고 비난하였다.[96] 심지어 훈척을 간사한 좀(奸蠹)에 비견하기도 했다. 그 중에서도 외척은 특히 경계의 대상이었다. 군주와의 관계로 볼 때 임금의 감정을 상하게 만들 수 있었고, 이때 생살여탈권을 척리(戚里)가 쥐기 때문이었다. 보다 근본적인 문제는 그 권세에 이끌려 여러 사람이 세력을 이루는 데 있었다.[97] 앞서 살펴본 종당의 위력과 상응하는 위험성을 강조한 표현이었다.

대표적인 인물은 단연 김석주였다. 『사설』과 『만록』에서 신정(申晸)과의 일화를 소개하여 그 인물됨을 비판하였다. 신정은 김석주를 깨우쳐 주기 위해서 직접 자신의 여종에게 억울한 혐의를 덧씌웠다. 일부러 과일 개수를 틀리게 알려주고서는 여종에게 빼먹었다는 죄를 물어 핍박하였고, 여종은 하는 수 없이 없는 죄를 고백하였다.[98] 이는 김석주가 자행했던 정탐정치의 문제점을 지적한 것이었다. 전형적인 사건으로 경신환국이 제시되었다. 김석주는 정원로(鄭元老)를 사주하여 허적의 서자 견(堅)이 인평대군(麟坪大君)의 세 아들과 역모를 꾸몄다고 무고하였다.[99] 이에 대한 비판의 목소리가 서인 내부에서 나왔는데, 황덕길은 현종비 명성왕후 발언을 소개하였다. 사촌 간이었던 명성왕후는 김석주에게 병조판서와 어영대장을 겸임하면서 내관을 이용하여 역모를 밀고하고, 매번 떳떳

---

96) 앞책, 권7 「인사문」 '戚里之禍'.

97) 위책, 권23 「경사문」 '四目四聰勳戚'.

98) 위책, 권9 「인사문」 '申判書詩'.

99) 『만록』 권2, "…釀成庚申之獄 七處設鞫 經歲蔓延 堅以逆死 吾人之無辜株連者 幾千餘人…."

이원익 영정
(국립중앙박물관 소장)

한 도리를 지키지 않고 공론의 죄를 짓는 상황에 우려를 표시하면서 숙종 역시 동의하지 못할 것이라고 경고하였다.[100]

해당 시기 주요하게 언급된 사건으로 문묘종사(文廟從祀) 문제가 있다. 『신필』에 따르면 당대 문묘를 사당(私黨)의 원우(院宇)로 간주하여 인물의 높고 낮음과 도덕의 유무를 논하지 않고 배향하는 잘못을 저질렀다고 주장하였다.[101]

이 시기 논란이 되었던 배향 대상은 양현(兩賢), 즉 이이와 성혼이었다. 이익은 이식(李植)의 언설을 빌어 부당함을 간접적으로 피력하였다. 즉 두 선생의 도학은 높지만 당대 여론을 누르면서 강행하는 것은 두 선생에게 누가 되기에 공의(公議)에 따라 결정할 것을 촉구하였다. 하지만 이미 배향의 반열에 오른 이상 시비득실을 따져 불가피하게 당쟁을 야기할 필요는 없다고 했다.[102] 그렇다고 해서 문제가 되는 행적을 간과한 것은 아니었다. 이익은 이이의 정치력에 대한 이원익(李元翼)의 논평을 인용하였다. 이식이 이원익에게 이

---

100) 『신필』 권2 「南桐巢記金錫胄事」.

101) 『신필』 권1 「進士李相采等請金長生黜享疏」.

102) 앞책, 권16 「인사문」 '從祀'. 남하정과 홍중인은 양현종사에 반대하는 남구만의 주장을 나란히 소개하였다. 남구만이 벼슬살이 하면서 후회되는 일 가운데 하나로 갑술환국(1694, 숙종 20) 이후 제기된 양현 종사문제를 신중히 처리하지 않은 점을 거론하였다.

이의 인물됨에 대해 묻자 다음의 비유를 들었다. 술에 취한 두 사람이 서로 싸우는데 언덕 위에 있던 제삼자가 내려와 타일러 제지하다가 본인도 그만 혼란 속에 빠져 봉변을 당하였다는 이야기이다.[103] 이는 『만록』에 보다 자세히 실려 있는데,[104] 이이의 조정론(調停論)은 실제로 서인을 위주로 한 것이라고 폄하하였다.

성혼의 경우, 선(宣)·정릉(靖陵) 변고를 소개하였다. 이익은 양릉(兩陵)의 변고를 일으킨 왜구에 대해 잊을 수 없는 원수라고 규정하였다. 여러 가지 정황을 고려할 때 이 사건은 보화를 얻기 위해 자행될 도굴이었고, 능에서 발견된 중종의 시신은 진짜가 맞다고 판정하였다.[105] 『사설』에서는 이 문제를 문묘배향과 연결지어 설명하지는 않았다. 하지만 남인계 당론서에서 성혼의 처신을 문제 삼는 자료로 제시하였다. 『대백록』에서는 꽤나 상세히 능변을 거론하였다. 시신의 진위를 둘러싸고 류성룡은 진짜로 본 반면, 성혼은 가짜라고 주장하였다. 홍중인은 예로부터 오랑캐가 도굴한 사례가 적지 않다고 하면서 오로지 보화를 취하려는 데에서 나왔기 때문에 시신을 유기한 것으로 보았다.[106] 상식적으로 판단이 가능한 사실을 왜곡하여 상대방을 제압하는 수단으로 악용한 태도를 비판하였다.

문묘종사가 중앙 차원의 당쟁의 원인이었다면 지방에서는 서원 남설이 문제였다. 이익은 당대 들어서 자기 조상이 작은 벼슬이라도 역임하였

---

103) 위책, 권17 「인사문」 '李澤堂'.

104) 『만록』 부록, "…公之此言 含渾不迫 而畵出叔獻 當日光景 眞善喩也 使叔獻聞之 未知將何辭以解也."

105) 위책, 권9 「인사문」 '宣靖陵'.

106) 『대백록』 「靖陵事」 '與李參議別紙'.

거나 자손이 현달한 경우 서원을 세우지 않은 자가 없었으며, 심지어 문묘에 배향된 인물까지도 향사하는 참람됨을 범하였다고 지적하였다.[107] 더 큰 문제는 서원이 세상의 이익을 다투는 당쟁의 배후로 악용된 점이었다. 서원이 사람들이 모여서 이록을 위해 과거를 도모하고 문자의 재주를 익히는 곳으로 변질되었다. 심지어 각기 색목(色目)을 정하여 나가고 물러가는 데도 서로 구별하며, 당파를 모으고 다른 당을 공격하는 장소로 전락하였다.

또 하등한 자들은 서원의 명부에 이름을 올리고 부역을 회피하는 곳으로 악용하는 등 그 폐단은 이루 말할 수 없었다. 효종대 충청감사 서필원(徐必遠)의 훼철시도가 있었지만 권문세가의 반대로 저지되었고, 이후에도 왕명은 있었지만 제대로 시행되지 못했다고 애석해 하였다.[108] 동일한 맥락에서 문제점을 지적한 기사가 『만록』에도 실려 있다. 서원은 본래 선비들이 학문을 배우고 학업을 익히는 장소인데, 덕을 숭상하는 풍토가 쇠퇴하면서 당의 사사로움을 존모하는 습성이 이루어졌다. 숙종이 철폐를 명하였지만 담당 관리가 태만하여 거행하지 않았고, 영조 역시 혁파하려 했지만 세력이 있는 곳은 그대로 보존되었다.[109]

조선후기 당쟁사의 흐름 속에서 사상논쟁으로 남인들이 주목했던 사건은 예송(禮訟)이었다. 기해년(1659, 현종 즉위년) 자의대비(慈懿大妃, 인조 계비)의 상복을 둘러싸고 벌어진 예송에서 송시열은 효종을 둘째 아들로

---

107) 앞책, 권11 「인사문」 '書院'.

108) 위책, 권16 「인사문」 '書院'.

109) 『만록』 권3, "…挽近以來 世道乖悖 士不師古人 各異論 尊賢尙德之風衰 慕名黨私之習成…
　　 而其中有勢者 亦多仍存云."

간주하여 기년복(朞年服)을, 허목은 종통을 이은 적자로 보아 삼년복을 주장하였다. 이때 남인이 지적한 문제점은 사종설(四種說)이었다.[110] 송시열은 효종은 '서자(庶子)를 세워 승중(承重)한 경우(體而不正)'에 해당되어 삼년복을 입을 수 없다고 했다. 이에 대해 이익은 사종설은 사대부례(士大夫禮)에 적용되는 것으로[111] 허목의 재최(齊衰) 삼년복이 옳다고 했다.

예송에서 주목되는 점은 논거의 정확성을 논리적으로 엄정하게 따졌다는 사실이다. 그는 허목의 대의는 옳지만 그 근거에는 살피지 못한 점이 있다고 지적하였다. 허목의 논설에는 『의례(儀禮)』 상복편(喪服篇)에 실려 있는 정현(鄭玄)의 주(註)를 자하(子夏)의 전(傳)이라 하고, 공영달(孔穎達)의 소(疏)를 가공언(賈公彦)의 소라고 하였으며, 혹은 소를 주라 하는 등, 간혹 잘못 기록한 곳이 있다고 했다. 이는 미처 살피지 못한 잘못이지만 상고하여 바로잡아야 할 것이라고 당부하였다.[112] 학문적 엄밀성을 견지함으로써 자파 주장의 객관성을 확보하려는 의도로 보여진다.

한편, 송시열의 예론에 대해서는 정치적 의도를 갖고 자의적으로 해석한 태도를 지적하였다. 대표적으로 효종을 장자로 규정할 수 있을 지의 여부에 대한 비판이었다. 가공언은 "제일자(第一子)가 죽으면 적처 소생의 제이장자(第二長子)를 세우고 그를 또한 장자라고 한다."고 했는데, 송시열은 제일자를 미성년자로 간주하여 소현세자와 같이 성년이 되어 죽었을 경우 이를 적용할 수 없다고 보았다. 이익은 이와 관련 된 주와 소가 없는 점을 들어 장자가 죽어 제이장자를 후사로 세웠을 경우 당연히 장

---

110) 이영춘, 1999, 「星湖의 禮學과 己亥服制 禮論」, 『韓國史硏究』 105.

111) 앞책, 권20 「경사문」 '四種'.

112) 위책, 권11 「인사문」 '己亥邦禮'.

회재 이언적 서간문
(경기도박물관 소장)

자가 되기 때문에 제일자가 성인이 되기 전에 죽었는지의 여부는 논할 필요가 없고, 때문에 학자들도 더 이상 언급하지 않았다고 주장했다.[113]

예송문제와 관련하여 이익은 당론서와 달리[114] 상대를 가리지 않고 각각의 주장이 갖는 문제점을 지적하였다. 이는 그가 정론을 대하는 기본 태도였다. 학자적 관점에서 해당 주의·주장이 갖는 문제점을 비판적 관점에서 살펴보고 객관적으로 검토하는 것이었다. 이는 이익이 학문 활동 내내 견지했던 태도였는데, 문제는 당시 학계에서 이를 당쟁의 수단으로 악용하였다는 사실이었다.

『사설』에서 이익은 『중용』과 『대학』의 주자 주석의 오류를 지적하면서 한 글자라도 의심스럽게 여기면 망령된 것으로 간주하고, 이것저것을 상고하여 대조하면 죄로 묻는 경향을 지적하였다. 앞선 시기 이언적(李彦迪)과 이이가 『대학』과 『중용』 장구의 오류를 지적하고 이를 경연에까지 진강한 사례가 있었다. 하지만 지금은 사소한 비판도 허용하지 않고 오히려 노망(魯莽)한 풍습이 확산되어 상대를 제압하는 금망(禁網)으로 악용

---

113) 『성호전집』 권29 '答懷川禮論'.

114) 『만록』과 『대백록』에서 예송문제는 정치적 사안으로 간주하고 공세적인 태도를 견지하였다. 남하정은 송시열의 "檀弓의 免과 子游의 衰를 과연 살펴볼 필요가 없단 말입니까?"라는 문제의 발언을 李有楨 반란과 연루시켜 역모로 확대하였다. 홍중인 역시 예송을 노론의 국사 농단 사례로 간주하면서 기본적으로 효종을 얕잡아보는 마음이 전제되었다고 비판하였다.

한 사례가 확산되었다는 것이다.[115] 선현들의 학설과 다른 견해를 변척하는 풍토를 칼과 톱으로 사람을 잡는 것에 비유하였다. 지금도 여전히 자신의 학설과 일치하지 않을 경우 금망을 설치해 놓고 제거하려는 시도가 계속되었다. 이에 조금 아는 것 이외에는 발언하지도 못하고, 아무 의미도 모르는 채 억지로 대답하는 풍토가 만연되는 상황을 우려하였다.[116]

동일한 지적은 『만록』과 『대백록』에서도 반복되었다. 남하정은 이언적이 『대학장구보유(大學章句補遺)』를 지었는데, 주자의 학설과 크게 달랐지만 이황이나 정구(鄭逑) 등 여러 현자들 사이에 책을 불태우거나 훼판하려는 움직임은 없었다는 사실을 소개하였다.[117] 경전의 의리는 무궁하다고 전제하면서 학자는 그 뜻을 궁구함에 의심스러운 곳이 없을 수 없으며, 의심스러우면 생각하고, 생각하면 판별해야 한다고 보았다. 경전해석은 오직 학자들이 생각하여 판별한 득실과 천심(淺深)에 관계될 뿐이라는 것이다. 그럼에도 불구하고 주자와 경전 해석이 다르다고 해서 그 책을 불 지르고 그 사람을 끊어버리려는 것은 문제라고 보았다.[118] 경전은 본래 살아 있는 책인데 만약 굳건하게 정하고 단단하게 붙여서 한결같이 묶어둔다면 이는 죽은 책이 되니 어찌 살아 있는 책이라고 할 수 있겠느냐고 반문하였다.[119]

---

115) 앞책, 권21 「경사문」 '儒門禁網'.

116) 위책, 권21·24 「경사문」 '不恥下問'·'成祖尊朱子'.

117) 『만록』 권2, "…我東 李晦齋先生 有大學補遺書 與朱子不啻逕庭 而其間如退寒諸賢 亦未嘗有焚毀之論. 未知 今世之尊經衛道者 其亦遠勝於前賢者乎."

118) 위책, "…盖經傳之義理無窮 學者苟欲窮之 則不能無疑 疑則思 思則辨 思卞之得失淺深 惟係其人之識解如何爾 於經傳 何害 於朱子 何與 而必欲焚而禁絶之者 亦何心哉"

119) 위책, "…經傳本是活書 若必硬定膠粘 一如縛束之爲 則是爲死書 豈可爲活書."

홍중인은 윤휴의 『중용』 주석과 조익(趙翼)의 사서곤득(四書困得)을 사례로 들었다. 양자 모두 경전에 대해 자설을 피력했는데, 윤휴는 송시열의 미움을 받아 죽임을 당한 반면, 조익은 같은 당여(黨與)라는 이유로 비난조차 받지 않았다.[120] 송시열은 평생 오직 주자를 존모하는 것을 자신의 임무로 여겼지만 그가 존모한 것은 천자를 끼고서 제후를 호령하는 것에 불과하였다. 또 색목의 같거나 다름을 보고 오로지 죽이고 살리는 수단으로 활용하였기 때문에 이 같은 일이 발생했다고 보았다.[121] 『사설』과 당론서에서 모두 당쟁이 학술논쟁으로까지 확산되어 상대방을 제거하는 수단으로 악용되었던 실상을 비판하였다.

당쟁 관련 사설은 직접 언급하고 있지는 않았지만 서인·노론에 의해 왜곡된 사실을 바로잡기 위한 목적에서 기술되었다. 이는 남인계 당론서 편찬과 궤를 같이하는 것으로 주요 사건과 인물에 대한 재평가를 통해 그간 위축된 정파로서의 면모를 일신하고 자파의 위상을 제고하려는 의지를 반영한 결과였다.

5. 맺음말

이익은 환국과 탕평으로 대변되는 정치적 격변기 속에서 학파를 형성하고 학술활동을 펼쳤다. 그런데 그의 학문편력이 이잠의 죽음에서 비롯

---

120) 『대백록』 「己丑錄」 '趙翼'.

121) 위책, "宋公一生 唯以尊朱子爲己任 其所以尊之者 不過挾天子以令諸侯 又視色目同異 專用 殺活手段."

되었다는 점에서 그의 저술에는 일정하게 정치 성향이 반영될 수밖에 없었다. 더욱이 여주 이씨 가문 출신으로서 청남계를 대표하는 학자였다는 점에서 현안에 대한 관심은 단순히 지적호기심에 그치지 않았다. 해당 사안을 역사적 맥락에서 검토하고 대안을 모색하는 데까지 이어졌던 것이다. 그 주요 내용이 『사설』에 반영되어 정리되었다. 『사설』은 하민의 덕을 바로잡는다는 구체적인 경세목표를 기대하며 편찬되었다. 그 중 하나가 바로 사란을 촉발하는 당쟁으로부터 민생을 안정시키는 것이었다.

『사설』 곳곳에 전사에 발생했던 주요 사건과 관련 인물들에 대한 평가가 기술되었다. 당쟁 관련 사설은 기본적으로 당대 서인·노론에 의해 왜곡된 남인의 정치활동을 바로잡고 재평가하려는 의도를 담고 있었다. 이는 당대 남인계 당론서의 편찬목적과 일맥상통하는 것이었다. 숙종대 후반 이래 급격한 정치적 부침을 겪었던 남인은 명의죄인의 혐의에 얽매여 폐고를 면치 못하였다. 정파의 위상을 제고하기 위해서는 당쟁사의 관점에서 왜곡된 자파 인물과 관련 사건에 대한 평가를 교정해야 했다. 같은 시대를 살면서 이러한 상황에 공감했을 이익과 남하정·홍중인·황덕길 등은 자파의 입장을 담은 기록을 남겼다. 이익은 한 발 더 나아가 붕당론을 제시하였다. 당쟁의 원인이 남인에게 있는 것이 아니라 관직으로 대변되는 이해관계를 둘러싼 구조적 모순에서 발생한다는 논리를 설파하였다. 그 결과 당쟁을 해소할 대안으로 영조대 탕평론에 주목하였고, 자파의 정치적 입지를 넓혀갈 수단을 강구하면서 부귀와 빈천을 고르게 만드는 개혁방안을 제시하였다.

이익이 『사설』을 통해 제시한 지식체계는 중세사회 해체기 사회 각 분야에서 표출되었던 변화 양상을 회의와 자득의 관점에서 숙고하여 정리한 결과물이었다. 그 편찬을 전후한 시점에 문인제자 간 활발한 학문교류가 이루어졌고, 『사설』의 주요 내용은 학파를 매개로 그 유용성을 인정받으며 점차 확산되어 갔다. 따라서 『사설』은 단독 저술로서 뿐만 아니라 학파의 차원에서 각 문별로 구체화된 저술과 관련하여 살펴볼 때 그 역사적 의미가 보다 분명해 질 것이다.

제5장
『송남잡지(松南雜識)』를 통해 본 조선 유서의 심미성과 의식성

강 민 구*

* 경북대학교

1. 머리말

조선시대 지식의 집적·형성·발전 경로에 대한 탐색은 우리나라의 지성사 구축을 위한 연구로 주목되고 있으며, 그러한 맥락에서 유서(類書)는 당대 지적 관심의 향방과 수준을 측정하기에 적절한 자료라고 할 수 있다. 따라서 유서에 대한 연구가 지속적으로 이루어졌고 그 결과물도 꾸준히 제출되었지만, 아직도 유서의 개념과 분류에 대한 초보적 단계의 논의가 반복되고 있다. 이는 중국 유서의 개념과 분류 방식을 준용하는 방법론의 한계에 기인하는 바, 조선 유서의 내적 특성을 심층적으로 고찰함으로 연구를 일보 진척시킬 수 있겠다. 조선 유서의 내적 특성에 대한 고찰은 문헌적 탐색에 한정되지 않고 조선의 지적(知的) 환경에 대한 총체적 규명으로 귀착될 수 있다.

조선의 유서는 일정한 분류 체계에 따라 다양한 내용을 수록하는 본연의 기능을 충족시킴으로써 그 가치를 인정 받는 반면 잡박(雜駁)하고 쇄세(瑣細)하며 근거가 희박한 내용들의 착종은 단점으로 지적된다. 조선시대 끝자락에 편찬된『송남잡지(松南雜識)』도 그와 같은 특성을 갖고 있는데, 조선 유서의 장단점을 일률적으로 논단하기 이전에 그 편찬 목적을 먼저 살펴보는 것이 중요하다.

『송남잡지』는 철종 6년(1855)에 조재삼(趙在三, 1808~1866)이 6책 14권으로 편찬한 유서로 총33류 4,432칙으로 구성되어 있다. 조재삼은『송남잡지』「자서」에서 이 책을 '만물의 기록'으로 규정하였고, 이 책으로 두 아들을 가르쳤다고 하였으니,『송남잡지』는 기본적으로 박물학적 지식욕에 대응하는 학습서로 편찬되었다는 것을 알 수 있다. 조재삼은 세상에

『송남잡지』「자서」　　　　조재삼 저『송남잡지』　　　『송남잡지』「의춘첩」

존재하는 만물이 문자 기록을 통하여 비로소 형체를 갖출 수 있다고 생
각하였다.[1] 따라서 자연의 모든 현상과 존재는 인문학적 방법과 수단으로
형상·인지될 수 있다는 것이『송남잡지』의 편찬 의식이라고 할 수 있다.[2]

　『송남잡지』는『지봉유설』이래의 조선 사찬(私撰) 유서의 전통을 계승
하였다. 다양한 내용을 방대한 분량에 담아내는 유서를 일 개인이 단기간
에 편찬하려면 자료의 수집과 정리, 서술의 정확성·객관성 유지 등에서
문제가 발생할 소지가 많지만, 관찬(官撰) 유서나 공동 집필에서 기대할
수 없는 사적 특성도 존재한다. '사적 특성'이란 편찬자의 주관적 시비·

---

1) 『松南雜識』「自序」, "太平無象, 記之則有象, 萬物有形, 不記之則無形. 人於萬物之衆, 獨任太平
　之責者. 況我東古稱太平之域, 以萬物之衆, 居天下之牛焉. 此松南郞以作書, 用訓其二子豊鎬·履
　鎬曰, 於萬物, 覩而不記其象, 聞而不記其形, 則可謂燈下不明, 睫上不見矣. 何與論萬物之理而知
　太平之樂哉? 古之人著述者, 寓經綸於文字, 寓文字於義理, 放而散之, 則飛潛動植, 各逐其形, 卷
　而懷之, 則簡册字畵, 盡圖其象. 顧我謏聞寡識, 敢竊取焉. 屛居墓所, 略記聞見, 歷數簡月, 而輯
　三十三篇, 始以太平, 終以太平, 廣我東太平之記, 於是字褁以識之."

2) 강민구, 2016,『조선 3대 유서의 형성과 특성』, 보고사.

진위 판단과 평가뿐만 아니라 추정과 추측, 자신이나 가문과 관련된 내용의 수록 등을 들 수 있다. 당대 지식의 총화로 간주되는 유서가 엄정한 지식의 체계성과 의식의 객관성을 유지하지 못하는 것은 단점이 될 수 있으나 사찬이라는 성격상 관찬 유서와 동일한 평가의 기준을 적용할 수 없다. 사찬 유서는 외적 요인에 구속되지 않기에 관찬 유서에서 허용되지 않는 편찬자의 자유로운 서술 형식과 의식이 충분히 발현될 수 있다.

본고는 조선의 사찬 유서 중 하나인 『송남잡지』를 통하여 편찬자의 자작시 개입 양상과 의미를 규명해 보고자 한다. 조선의 유서는 문학 공구서로서의 기능적 측면이 강하기 때문에 시화(詩話)의 특성이 상당 정도 혼효되어 있다. 그러나 지식의 체계적 집적이라는 엄연한 편찬 목적이 있기에 유서에 개입된 편찬자의 자작시를 현재적 관점에서 어떻게 평가할 것인지 하나의 시각을 제공해보고자 한다.

2. 서술을 넘어 예술로

유서는 다양한 정보를 체계적 형식과 객관적 서술 의식 하에 편집함으로써 이용자의 편의를 도모하여야 한다. 따라서 표제어에 대한 설명은 간결, 명료해야 하며 형식은 통일되어야 하고 검색이 용이하도록 설계 구성되어야 한다. 조재삼 역시 『송남잡지』에서 전반적으로 간결하고 명료한 서술 방식을 유지하기 위하여 노력하였다. 그러나 그는 기계적이고 단순한 정보 나열 방식을 묵수하지 않고 도처에서 다양한 변화를 시도하는 동시에 자신의 예술적 관심과 능력을 현현(顯現)하기 위해 노력하였으니,

그 방법 중 하나는 자작시(自作詩)를 적절히 개입시키는 것이었다. 그런데 특기할 만한 것은 조재삼이 자작시의 역할을 일률적으로 부여하지 않았다는 점이다. 조재삼은 문학적 소재로 가치가 있는 항목에 자작시를 개입시켰으니, 그것은 대부분 우리나라의 풍속 관련 항목이며 유적지, 동식물 관련 항목도 일부있다.

우리 풍속의 기록은 조선의 유서가 갖는 소중한 가치의 하나인데,『송남잡지』는 여타의 유서보다 우리 풍속의 유래와 풍경을 풍부하고 정확히 기술하기 위하여 노력하였다. 다음의「일남지(日南至)」는 동지의 유래에 대한 문헌 기록과 풍속을 서술한 것이다.

「일남지(日南至)」

『춘추좌전』〈희공(僖公), 5년〉 조에서 "정월 신해(辛亥), 초하루 동지(日南至)에 노나라 희공(僖公)이 곡삭(告朔)을 지내고 대(臺)에 올라 바라보고 기록하니 예에 부합된다. 모든 춘분과 추분, 하지와 동지, 입춘과 입하, 입추와 입동에 반드시 운물(雲物)을 기록하는 것은 재해에 대비하려는 까닭이다."라고 하였다. 『효경설(孝經說)』에서 "음극지(陰極至)와 양극지(陽極至)를 남지(南至)와 더불어 삼지(三至)라 한다."라고 하였다. 나의 시에서

왕춘(王春)은 주나라 정월(正月)에서 비롯되었고	王春從此周正月
천력(天曆)은 한나라 태초(太初)에서 유래하였네	天曆由來漢太初
붉은 색은 귀신을 쫓아내기에 팥죽을 끓이고	紅是呵神煎豆粥
푸른 색은 새 물건과 같기에 비린 생선 바치네	靑猶新物薦腥魚

라고 하였다.[3]

「일남지(日南至)」에서는 동지의 유래를 『춘추좌전』과 『효경설(孝經説)』[4]에서 찾아내 그 의미를 밝히고 뒤에 우리나라의 동지 풍속을 노래한 자작시 한 수를 이어 붙임으로써 동지 풍속에 대한 기술을 대체하였다. 동지에 귀신을 쫓기 위해 붉은 팥죽을 끓이는 풍속은 지금도 잘 알려져 있으나 새로운 것을 의미하는 푸른색의 상징으로 생선을 바친다는 것은 그의 시를 통해서나 알 수 있는 당시 동짓날 풍속이다. 조재삼은 우리 풍속의 유래에 대한 고증은 가급적 문헌적 근거를 제시함으로써 신뢰도를 높이기 위해 노력하였으며 그와 관련한 우리나라의 풍속을 자작시로 노래함으로써 현장성과 친근성을 제고하였다.

조재삼은 중국에서 유래한 풍속보다 우리 고유 풍속의 기록에 한층 더 신경을 쓴 것으로 보인다. 우리 고유의 풍속은 기록성이 약하기에 멸실될 우려가 많기 때문이다. 다음의 「약반(藥飯)」은 우리 고유의 음식인 약밥의 유래와 그와 관련된 풍속을 서술한 글이다.

약밥(藥飯)

신라 역사에서 "소지왕(炤知王)이 정월 초하루에 천천정(天泉亭)에 행차할 때 까마귀 한 마리가 봉해진 편지 한 통을 물고 와서 울었다. 그 편지의 겉에는 '열어

---

3) 『松南雜識』〈歲時類〉, "左傳僖公五年, 正月辛亥朔日南至, 公視朔, 登臺, 書雲物, 凡分至啓閉爲備. 孝經説云:"陰極至陽極至與南至謂三至." 余詩云:"王春從此周正月, 天曆由來漢太初, 紅是呵神煎豆粥, 靑猶新物薦腥魚.""

4) 孝經説, 孝經緯의 일종인 『孝經鉤命決』을 이른다.

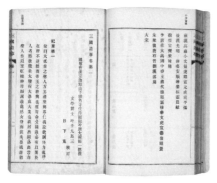

삼국유사 기이편
(국립중앙박물관 소장)

보면 두 사람이 죽고 열어보지 않으면 한 사람이 죽는다.'라고 적혀 있었다. 일관(日官)이 '한 사람이란 왕을 말합니다.'라고 아뢰었다. 왕이 편지를 열어보니 '거문고 갑을 쏘라.(射琴匣)'고 쓰여 있었다. 그래서 궁으로 들어가 거문고 갑을 활로 쏘니 갑 속에서 중이 화살에 맞아 죽었다. 그는 바로 내전(內殿)의 분수승(焚修僧)으로 왕비와 간통한 자였다.'라고 하였다. 이로부터 우리나라에 찰밥을 지어 과일과 맛난 것을 섞어 까마귀에게 제사지내는 풍속이 생겼다. 중국에서도 진미로 여긴다. 근세에도 특정한 시절에만 먹는 성찬으로 만들어 가묘(家廟)에 올린다. 나의 시에

소지왕(炤智王) 이전에는 찰밥이 없었고	炤智王前糯飯無
밤에 거문고 곡조 울더니 편지와 들어맞았네	夜啼琴曲有書符
우리나라 사람들은 차례(茶禮)만 알기에	東人但識茶爲禮
집집마다 조상에겐 제사해도 까마귀에겐 않네	祭祖家家不祭烏

라고 하였다.[5]

---

[5] 『松南雜識』〈歲時類〉, "羅史曰: "炤智王, 上元日, 幸天泉亭, 有烏啣書封來鳴, 其書外曰: '開見, 二人死, 不開, 一人死.' 日官奏, 一人者王也. 王開之, 書曰: '射琴匣.' 入宮射之. 有僧中死, 乃內殿焚修僧, 與王妃通者." 自是, 國俗作糯飯雜以果味祭烏. 中朝珍之. 近世爲時食之盛薦於家廟. 余詩有云: "炤智王前糯飯無, 夜啼琴曲有書符, 東人但識茶爲禮, 祭祖家家不祭烏.""

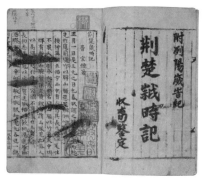

형초세시기(荊楚歲時記)
(국립민속박물관 소장)

약밥의 유래로 '신라의 역사'를 근거로 제시하였는데, 그 내용은『삼국유사』〈기이(紀異)〉「사금갑(射琴匣)」이나 이후의 역사 기록과 대략 동일하지만 '신라의 역사'라는 범칭을 사용하였으니, 특정 문헌에 구애되지 않고자 한 의도를 알 수 있다. 다음으로 '약밥'이 당시 풍속에서 어떻게 변용되었는지 기술하고 자신의 7언 4구시를 제시하였으니, 앞의 내용을 시로 요약한 것이다. 즉, 전 2구는 약밥의 유래를, 후 2구는 원래의 의미가 퇴색한 현재의 변용을 노래하였다.

위의「일남지(日南至)」와「약반(藥飯)」이 자작시로 풍속에 대한 서술을 대체한 것이라면 다음의「의춘첩(宜春帖)」과「세석(歲夕)」은 풍속을 문학적 소재로 활용할 수 있는 예시를 자작시로 보인 것이다. 따라서 자작시 외에 타인의 대표적 시구를 같이 제시함으로써 문학적 내용을 다채롭고 풍부하게 구성하려는 의도를 보인다.

다음의「의춘첩(宜春帖)」은 우리의 풍속인 '춘첩(春帖)'에 대하여 서술한 것인데, 우리의 '춘첩'이 중국의 '의춘(宜春)'에서 유래하였다는 근거를『형초세시기(荊楚歲時記)』에서 인용한 뒤, 입춘 풍속을 소개하고, 그와 같은 민간의 풍속을 소재로 삼은 자신의 시를 덧붙이고 이어서 타인의 관련 시구를 제시하였다.

춘첩
(경기도박물관
소장)

「의춘첩(宜春帖)」

『형초세시기』에 "입춘 날에 비단을 오려서 제비 모양을 만들어 머리에 쓰고 그 위에 '의춘(宜春)'이란 글자를 붙인다."[6]라고 하였는데, 지금의 '춘첩(春帖)'이 이것이다. 시골 풍속에는 입춘날 아침에 보리를 캐어 새 뿌리가 세 가닥이면 풍년들 조짐이라고 한다. 나의 시에

사는 곳은 새 마을이지만 옛 풍습을 따라　居是新鄕隨舊俗
문 밖에 나가 보리 캐어 봄 뿌리를 살피네　出門采麥見春根

라고 하였다. 주자는 「도부(桃符)」 시에서 "임금을 사랑하고 태평 성대를 바라네.(愛君希道泰)"라고 하였으니, 두보의 시 "나라를 근심하고 풍년을 기원하네.(憂國願年豊)"[7]에 대(對)를 맞춘 것이다.[8]

　「의춘첩(宜春帖)」에 개입된 조재삼 자작시의 소재는 표제인 '의춘첩(宜春帖)'이나 그와 관련 있는 '의춘(宜春)', '춘첩(春帖)'이 아니라 우리의 입춘 풍속이다. 「의춘첩」은 '춘첩'의 유래를 밝힌 뒤에 입춘 풍속을 소재로 삼은 자작시까지 연결시킨 구조로 되어 있으니, 자작시의 내용으로만

---

6) 『韻府群玉』「宜春」, "立春日, 剪綵爲燕子戴之, 貼宜春字. 荊楚記."

7) 杜甫, 「吳宗」.

8) 『松南雜識』〈歲時類〉, "荊楚記曰: '立春日, 剪綵爲燕子戴之, 帖宜春字.' 今春帖, 是也. 鄕俗, 於是朝, 采麥有新根三本, 謂豊兆. 余詩云: '居是新鄕隨舊俗, 出門采麥見春根.' 按朱子桃符詩, 愛君希道泰, 以杜甫詩憂國願年豊爲對."

본다면 '춘첩'과 거리가 있다고 할 수 있다. 게다가 주자의 태평성대를 염원하는 시구가 두보의 풍년을 기원하는 시구에 대를 맞춘 것이라는 마지막 문장은 표제어로부터 상당히 거리가 있어 보이지만, '풍년 기원'을 서술의 중심에 두고, 의춘첩이 풍년을 기원하는 풍속이라는 것을 밝히고, 풍년을 기원하는 시구 몇 가지를 보이려한 의도를 알 수 있다.

다음의 「세석(歲夕)」도 타인의 시를 자작시와 함께 소개한 것이지만 「의춘첩」의 구성과 달리 자신의 시를 가장 뒤에 배치하고 있다.

『상서대전(尚書大傳)』에서 "일 년의 저녁, 한 달의 저녁, 하루의 저녁(歲之夕, 月之夕, 日之夕)"이라고 하였는데, 그 주석에서 "정월에서 4월까지가 한 해의 아침이고 5월부터 8월까지가 한 해의 점심이며 9월부터 12월까지가 한 해의 저녁이다."라고 하였다.[9] 지금은 '제석(除夕)'이라고 하니 옛 것을 버리고 새 것을 펼친다는 말이다. 또 '세(歲)'와 '제(除)'는 음이 서로 비슷하다. 『형초세시기』에서 "해가 다하고 밤이 다했기 때문에 술과 안주를 마련하여 새해를 맞이한다."라고 하였으니 바로 두보의 시 「각야(閣夜)」와 가도(賈島)의 「제시(祭詩)」이다. 당나라 시에

올해 오늘밤이 다하고	今歲今宵盡
내년 내일을 재촉한다	明年明日催[10]

라는 구절이 있고, 농암(農巖) 김창협(金昌協)의 시에

---

9) 『韻府群玉』「歲夕」, "尚書大傳曰: 歲之夕, 月之夕, 日之夕." 注, "正月, 盡四月, 爲歲之朝, 五月, 盡八月, 歲之中, 九月, 盡十二月, 爲之夕.'"

10) 史靑, 「應詔賦得除夜」. *明年明日催 → 明年明日來(『松南雜識』).

　　늘그막은 점점 나그네살이와 같고　　　老境漸同覊客住

　　제석은 돌아가는 친구를 전송하는 것 같네　殘年似送故人歸[11]

라는 구절이 있다. 나의 시에

　　닭 깃드는 오늘 저녁은 올해이고　　　鷄棲此夕爲今歲

　　개 짖는 내일은 또 한 해라네　　　　　犬吠明朝又一年

라고 하였다.[12]

　　「세석(歲夕)」에서는 제석의 의미를 『상서대전』에서 인용하였고 그것
의 구체적 의미는 주석에서 인용하였다. 그리고 일 년의 마지막 날을 '제
석'이라고 하는 각이한 설명 두 가지를 제시하였다. 이어서 제석에 술과
안주를 마련하여 새해를 맞이하는 풍속을 『형초세시기』에서 인용하였다.
다음으로 제석을 소재로 한 작품을 소개하였으니, 중국의 대표적 시로,
두보의 「각야(閣夜)」와 가도(賈島)의 「제시(祭詩)」라는 작가명과 제목을
나열하고, '당나라 시인'으로 범칭한 사청(史靑)의 시 한 연을 제시하였
다. 그리고 제석을 주제로 한 조선의 작품으로 김창협의 시 한 연을 제시

---

11) 「除夕, 次東坡, 簡齋·劍南·牧齋韻.」(『農巖集』).
12) 『松南雜識』〈歲時類〉, "尙書大傳曰: "歲之夕, 月之夕, 日之夕." 註, "正月, 盡四月, 爲歲之朝, 五
　　月, 盡八月, 歲之中, 九月, 盡十二月, 歲之夕." 今謂除夕, 言除舊布新, 且歲與除, 音相近. 荊楚記曰:
　　"年盡夜盡, 故具酒饌以延新年." 卽杜詩閣夜, 賈島祭詩也. 唐詩, "今歲今宵盡, 明年明日來." 金農
　　巖【昌協】詩, "老境漸同覊客住, 殘年似送故人歸." 余詩, "鷄棲此夕爲今歲, 犬吠明朝又一年.""

하고 마지막으로 자신의 시를 덧붙였다. 한 해를 마무리하고 새해를 맞이하는 제석은 반성·아쉬움·희망이 교차하는 날로 문학의 좋은 소재였으므로 조재삼은 중국과 조선의 대표적 작품을 소개하였다. 다만 유명 작자의 작품은 작가의 이름과 제목만 제시하고 지명도가 비교적 낮은 시인은 이름을 생략하고 작품만 소개하는 형식을 취함으로써 다양한 구성을 꾀하였다.

「일남지(日南至)」와 「약반(藥飯)」에서는 자작시만 제시하고 「의춘첩(宜春帖)」과 「세석(歲夕)」에서는 타인의 시도 소개한 이유는 의춘첩과 세석이 일남지나 약반보다 문학적 소재로 일반적이기에 예시할 시구가 다양하기 때문이다.

조재삼은 다음의 「성황당(城隍堂)」이나 「앙가(秧歌)」와 같이 우리 고유의 풍속이나 문화와 관련된 항목은 가급적 다양한 자료를 수집하여 다각적으로 구성하려 했다.

「성황당(城隍堂)」

길가 돌무더기에 길가는 사람들이 침을 뱉는데, "신라시대에 지나가는 사람은 반드시 죽기에, 모두들 꺼려서 피해 가는 길이 있었다. 취한 나그네가 저물녘에 그곳에 이르자 한 미인이 맞아들이고는 웃으며 돌 틈으로 안고 들어갔다. 그러자 금으로 만든 대(臺)와 은으로 만든 대궐이 나타났고 그녀는 맛난 술과 음식을 권하니, 그대로 동침을 하였는데, 나그네가 술김에 얼굴에 침을 뱉자 미인이 죽었다. 나그네가 술에서 깨어보니 자신이 누워 있는 길가의 어지럽게 널린 돌 사이에 커다란 지네 한 마리가 거꾸러져 있을 뿐이었다. 그 뒤로 이 성황당에서 사람이 죽는 우환이 사라졌다."는 전설이 있다. 그래서 나그네는 반드시 성황당에 침을 뱉었고 마침내 풍속이 되었다고 한다. 대개 지네는 사람의 침을 맞으면 죽는다. 그래서 지금 '침 먹은 지

네(食涎蜈蚣)'라는 말이 있다. 또 길가는 사람들은 대부분 돌을 던져 무더기를 만든
다.[13] 나의 시에

> 저것이 허다히 이름 없는 물건을 받아들이니　　　緣渠多受無名物
> 어찌 행인이 더럽게 침 뱉는 짓을 금하겠는가　　　那禁行人鄙唾之

라고 하였다. 『동국여지승람』에서 "신장절공(申壯節公)[14]이 죽어서 곡성(谷城)의 성
황신(城隍神)이 되었다."[15]라고 하였다.

　　위의 「성황당(城隍堂)」은 유서 본연의 기능에 충실한 사례를 보여준
다. '서낭당'은 민간의 풍습이기에 조재삼은 신뢰도 높은 문헌 근거를 찾
지 못하였고 다만 전설을 소개하였다. 서낭당과 관련된 특징적인 풍속은
서낭당을 지나는 사람들이 그곳에 침을 뱉는 행동을 하는 것이다. 그가
소개한 전설에 그 이유가 들어 있으니, 미녀로 변신한 지네에게 침을 뱉
어 퇴치하였다는 것이다. 침으로 지네를 퇴치할 수 있다는 근거로 '침 먹

---

13) 『松南雜識』〈室屋類〉, "路傍聚石處, 行人唾之. 諺傳羅時, 人有過其路必死, 皆違而避之. 醉客暮
　　至, 一美人, 迎笑抱入石虄, 見金臺銀闕, 美酒饌勸之, 仍同宿. 偶�唾其面, 美人則死, 客醒, 乃臥
　　路側亂石間, 只一大蜈蚣倒. 厥後, 此隍, 人死之患息, 故行客必唾, 遂成俗云. 蓋蜈蚣被人唾涎則
　　死, 故今有食涎蜈蚣之說矣. 又行人多投石聚之. 余詩云: "緣渠多受無名物, 那禁行人鄙唾之?"
　　輿覽曰: "申壯節公, 死爲谷城城隍神.""
14) 申壯節公은 고려시대 개국 공신인 申崇謙을 말한다. 平山 신씨의 시조로, 왕건을 추대하
　　여 왕으로 세우고 태조 10년, 견훤의 군사와 싸우다 전사하였다.
15) 『新增東國輿地勝覽』〈全羅道, 谷城縣, 人物〉, "世傳崇謙死, 爲縣城隍之神."

신증동국여지승람
(국립중앙박물관 소장)

어우야담(영인)
(대전광역시립박물관 소장)

은 지네.(食涎蜈蚣)'[16]라는 우리 속담을 소개하였으니, 그 전설이 아주 허무맹랑하지는 않다는 방증을 든 것이다. 이어서 서낭당에 침을 뱉는 풍속을 소재로 삼은 자신의 시를 제시하고, 끝으로 신숭겸(申崇謙)이 곡성 지방의 성황신으로 받들어진다는 이야기를 『동국여지승람』에서 인용하였다. 이처럼 「성황당」은 서낭당과 관련된 고유의 전설, 속담, 실제 사례가 자작시와 조화롭게 구성된 항목이라고 할 수 있다.

　『송남잡지』외에 서낭당에 관한 이야기는 이규경(李圭景)의『오주연문장전산고(五洲衍文長箋散稿)』에서도 볼 수 있다. 『오주연문장전산고』는 지네에 관한 이야기를 주제로 한 「오공변증설(蜈蚣辨證說)」속에서 서낭당을 언급하였기에, 『송남잡지』보다 서낭당에 대한 이야기가 몹시 간략하여 '지네와 관련된 전설이 있다.'는 정도의 기록에 그치고 있다.[17]『오

---

16) 침 먹은 지네: 할 말이 있어도 못하고 있거나 겁이 나서 기를 펴지 못하고 꼼짝 못하는 사람을 비유적으로 이르는 말이다.

17) 李圭景,『五洲衍文長箋散稿』〈萬物篇, 蟲魚類, 蟲〉「蜈蚣辨證說」, "今人見蜈蚣, 大唾延津, 繞

이항복의 백사선생집
(국립중앙박물관 소장)

주연문장전산고』의 기사와 비교해 볼 때,『송남잡지』의「성황당」은 우리
의 전설과 풍습을 흥미롭게 구성하고 재미있게 전달하려는 의도가 돈보
인다고 할 수 있다.

다음의「앙가(秧歌)」는 한층 더 다채로운 내용과 형식으로 우리나라
고유의 풍속과 노래를 기록한 것이다.

「앙가(秧歌)」

『어우야담(於于野談)』에서 말하였다. 명나라 장군 양호(楊鎬)가 행군하여 청파
(靑坡) 교외를 지나갈 때 밭에서 남자와 여자가 호미로 김을 매는데 한 목소리로 노
래를 부르기에, 양호가 통역관에게 "저 노래에도 곡조가 있는가?"라고 묻자, "있습
니다만 비속한 말로 곡을 만든 것이지 한문은 아닙니다."라고 대답하였다. 바로 오성

其身, 則不致動, 而沈其身卽死, 故今行路, 當石磊磊林藪名城隍堂處, 必唾之以辟蜈蚣之害也, 俗
傳, 嶺處有蜈蚣之變, 故乃稱云.'

야은 길재가 썼다고
전해지는 글씨
(국립중앙박물관 소장)

(鰲城) 이항복(李恒福)에게 번역하여 올리게 하였으니 그 노래는 다음과 같다.

어제도 이와 같았으니	昔日若如此
이 모습 어떻게 유지하랴	此形安得持
수심은 도리어 실이 되어	愁心還爲絲
굽이굽이 다시 매듭지네	曲曲還成結
풀어내고 또 풀어내려도	欲解復欲解
실마리는 어디에 있는고	不知端何處

양호가 좋다고 칭찬하며 "이 농부를 보면 한갓 본업에만 부지런한 것이 아니다. 그 노래도 이치가 있으니 감상할 만하다."라고 하였다. 살펴보건대, 지금 영남에서는 그 노래를 '산유화(山有花)'라고 한다.

「선산향낭전(善山香娘傳)」에서 말하였다.

향낭이 시집에서 소박을 맞는데 친정에서 재혼을 시키려고 하자 친구와 나물을 캐다가 야은(冶隱) 길재(吉再)의 서원(書院) 못에 이르러 노래를 지어 불렀다.

산에는 꽃이 있는데 나는 집이 없네	山有花予無家
나에게 집이 없으니 어찌할 수 있나	予無家可奈何

그리고 못에 몸을 던져 죽었는데 마침내 농요(農謠)가 되었다. 나의 시에

이현보의 농암선생문집(국립중앙박물관 소장)

옥섬돌 금모래에 온갖 꽃을 심으니	玉砌金沙種百葩
만인의 집에서 명랑하게 웃는 모습	輕盈笑態萬人家
광풍이 하룻밤 새 갑자기 뒤흔드나	狂風一夜忽飄蕩
영남에는 아직도 '산유화' 전한다오	嶺外猶傳山有花

라고 하였다. 또 영남 사람이 어린 여종(童婢)를 추노(推奴)하였는데, 동비(童婢)는 얼굴이 아름다웠으며 혼인날까지 받아 놓은 상태였건만, 양반은 빼앗아 자신의 첩으로 삼을 욕심에 낙동강까지 몰아가니, 동비가 강 절벽에 시를 쓰기를

위협은 서릿발 같고 신의는 산 같으니	威如霜雪信如山
안갈 수도 없고 갈 수도 없다오	不去爲難去亦難
머리 돌려보니 낙동강 물 푸른데	回首洛東江水碧
이 몸 위태로운 곳에 이 마음 편하네	此身危處此心安[18]

---

18) 『송남잡지』에는 "此身安處此心安."으로 되어 있으나 兪漢寯의 『自著』「善山二烈女」를 참

라고 하고 바로 몸을 던져 죽었다. 그녀의 시도 '산유화(山有花)'가 되었다. 또 백제 낙화암(落花巖)의 전설[19]로 '산유화'를 만드니, 대개 여자가 물에 빠져 죽은 것을 '산유화'라고 하는 유래가 오래되었다. 농암(聾巖) 이현보(李賢輔)가 지은 「상사별곡(相思別曲)」이 농요(農謠)로 불렸다. 그래서 지금 '산유화'는 모든 곡의 끝에 반드시 '어야상사'를 후렴으로 부른다고 한다.[20]

「앙가(秧歌)」는 〈음악류(音樂類)〉에 편재된 것에서 알 수 있듯이, '산유화(山有花)'라는 우리 고유의 노래에 대해 기술한 것이다. 조재삼은 앙가에 대한 문헌 근거를 『어우야담』에서 취하였다. 『어우야담』에는 명나라 장군 양호가 청파 교외에서 김매는 남녀의 노래를 듣고 이항복에게 번역해 올리게 하였다는 노래가 이야기와 곁들여 실려 있다. 이 노래는 『지봉유설』에도 간략하게 실려 있는데, 글자의 출입은 있으나, 전체적인 내용

고하여 수정하였음.

19) 백제가 멸망할 때 의자왕의 삼천 궁녀가 부여 낙화암에서 몸을 던져 백마강으로 빠져 죽었다는 전설이 있다.

20) 『松南雜識』〈音樂類〉, "於于野談曰: '天將楊鎬經理, 行軍過靑坡郊時, 田中男女, 鉏耘齊聲而歌, 經理問通使曰: '彼歌亦有腔調乎?' 曰: '有之而用俚語爲曲, 非文字也.' 卽令鰲城飜譯以進, 其歌曰: '昔日若如此, 此形安得持? 愁心還爲絲, 曲曲還成結. 欲解復欲解, 不知端何處.' 經理稱善曰: '觀此農人, 非徒勤於本業, 其歌曲, 亦有理可賞也.'" 按今嶺南, 謂之山有花. 善山香娘傳曰: "娘爲媤家所不容, 本家將奪志, 與同伴採山, 而至冶隱書院池, 自作歌曰: '山有花予無家, 予無家可奈何?' 仍投水死, 遂爲農謳." 余詩云: "玉砌金沙種百葩, 輕盈笑態萬人家, 狂風一夜忽飄蕩, 嶺外猶傳山有花." 又嶺人推童婢, 婢美, 婚將有日, 欲攘爲己妾, 迫行至洛東江, 婢作詩題江壁云: "威如霜雪信如山, 不去爲難去亦難. 回首洛東江水碧, 此身安處此心安." 卽投水而死. 其詩, 亦爲山有花. 又以百濟落花巖爲山有花, 蓋以女投水死, 謂山有花, 舊矣. 李聾巖賢輔作相思別曲, 爲農謳. 故山有花每曲未必以於邪相思爲亂云."

이유원 간찰(경기도박물관 소장)

은 비슷하다.[21]

조재삼은 이 노래를 당시 영남 지역에서 불리던 산유화의 원형으로 규정하고 「선산향낭전(善山香娘傳)」에 들어 있는 이야기와 노래를 소개하고 그에 대한 느낌을 시로 표현하였다. 이어서 영남 지역에서 전해지는 동비의 「산유화가」 한 편을 소개하였다. 후반부에서는 「산유화가」가 백제시대 낙화암 전설에서 유래하였으며 「산유화가」의 후렴이 '어야상사'의 형식으로 된 것은 이현보의 「상사별곡」에서 유래하였다고 설명하고 있다.

「상사별곡」은 신광수(申光洙, 1712~1775)가 제주의 기녀인 녹벽(綠璧)의 제자 월섬(月蟾)에게 준 시인 「증녹벽제자월섬(贈綠璧弟子月蟾)」의 주석에서 곡조 이름으로 언급된 바 있고[22] 이유원(李裕元, 1814~1888)이 〈속악십육가사(俗樂十六謌詞)〉에서 그 가사를 소개한 바 있지만,[23] 그것에 대

---

21) 『芝峯類說』〈文章部 七〉, 「歌詞」, "李鰲城爲天將接伴使, 天將聞我國人唱歌, 問其旨意, 鰲城書示曰:"昔日苟如此, 此身安可持, 愁心化爲絲, 曲曲還成結, 欲解復欲解, 不知端在處." 天將稱好. 按康伯可閨情詞曰:"此度相思, 寸腸千縷." 蓋思與絲字同音故也. 李義山詩春蠶到死絲方盡, 亦此義."

22) 申光洙, 『石北集』 「贈綠璧弟子月蟾」, "蘇小家中學舞娘, 隨孃送客到橫塘, 津亭落日相思曲, 不待明朝已斷腸【蟾妓時唱相思別曲.】"

23) 李裕元, 『嘉梧藁略』〈樂府, 俗樂十六謌詞〉 「相思別曲」, "一別阿郎消息絶, 愛而不見我心切, 慢彼擺斯散落懷, 時眠時悟九腸折."

한 구체적 설명은『송남잡지』가 유일하다.

「앙가(秧歌)」는 우리나라의 노래인 메나리와 관련된 야담과 전설·가사·유래·후렴구 등 다양한 자료를 수집하여 제시하였으니, 유서 고유의 기능에 충실한 사례라고 할 수 있다. 이는 국문학사, 음악사 등에서 소중한 자료로 사용할 수 있겠다.

이 밖에도 자작시가 개입된 항목으로 자신이 직접 가본 사적지나 식물에 관한 항목이 있다. 사적지 관련 항목으로는 다음의 「망경대(望京臺)」를 들 수 있다.

「망경대(望京臺)」

고려 말에 조송산(趙松山=趙狷)이 과천(果川) 청계산(淸溪山)에 은거하였는데 매양 이곳에 올라 송도를 바라보았기 때문에 '망경대(望京臺)'라는 이름이 붙었다. 내가 일찍이 망경대에 올라가 지은 시에서

조송산(趙松山)옹이 깊이 은거했던 곳이기에	爲是松翁幽隱處
망경대 위에서 다시 고향을 바라보네	望京臺上更望鄉

라고 하였다. 그 옆에는 또 염주대(念主臺)가 있다.[24]

「망경대」는 〈실옥류(室屋類)〉에 편재된 것에서 알 수 있듯이 건물에

---

24) 『松南雜識』〈室屋類〉, "麗末趙松, 隱果川淸溪山, 每登望松京故名之. 余嘗登而詩云: "爲是松翁幽隱處, 望京臺上更望鄉." 其傍又有念主臺."

대한 정보를 기록하고 있다. 망경대는 과천 청계산에 있는데, 고려가 망할 때 송산(松山) 조견(趙狷)[25]이 은거하며 서울을 바라보았기에 그와 같은 이름이 붙었다고 간략하게 소개한 후 자신이 그곳을 방문하였을 때 지은 시를 소개하였다. 저자가 직접 방문하였던 곳에서 지은 시이므로 현장성이 있다고 하겠다.

조재삼은 우리나라의 역사적 유래가 있는 건물을 기록으로 남기기 위하여 노력하는데, 그것이 회고시(懷古詩)의 훌륭한 소재가 될 수 있다는 것을 자작시로 직접 보여 주고 있다.

식물과 관련된 항목으로서 자작시의 개입 정도가 가장 강한 예로 「설토화(雪吐花)」를 들 수 있다.

「설토화(雪吐花)」

내가 지은 시에

석 달 겨울의 눈을 배불리 먹고	飽喫三冬雪
묵은 그루터기에 의지한 몇 가지	數枝依古査
봄바람 부는 울긋불긋한 꽃 속에서	春風紅綠裏
흰색을 토해 내서 꽃을 만들었네	吐出白爲花

---

25) 『일성록』에 실려 있는 1784년 유생들이 조견의 충절을 기려 사액해 달라고 청원한 상소와 1790년 경기 유생들이 조견을 崧陽書院에 배향하게 조처해 달라고 청원한 상소에 의하면, 조견은 趙浚의 아우로 고려에 충절을 지킨 인물이며, 망경대는 그의 행적에서 유래했다고 한다.

라고 하였다.[26]

설토화(雪吐花)는 현재 불두화(佛頭花)라는 이름으로 알려져있는 꽃인데,『송남잡지』외의 문헌에서 찾아보기 힘들다.「설토화」에서는 꽃에 대한 설명은 전혀 없고 4구의 자작시만을 제시하였다. 그는 이 시에서 꽃이 피는 시기와 성상(性狀)을 담아내되 형상성을 높임으로써 독자로 하여금 시의 이미지를 떠올릴 수 있게 하였다. 온전히 자작시만으로 표제어에 대한 설명을 대체한 이 같은 파격적 형식은 사찬 유서이기에 가능하다.

현대의 백과사전이 비록 천연색 도판을 곁들이고 호화 장정으로 꾸며져도 독자의 심미의식을 활성화하기에 부족한 이유는 항목의 기술이 기계적이고 무미건조하기 때문이다. 그러나『송남잡지』의 편찬자인 조재삼은 유서에 문학적 예술성을 부여하였으니, 그것은 문학의 기본적 속성인 '읽는 재미'에 있다. 조재삼은 읽는 재미가 있는 유서를 만들기 위하여 전설·야담 등 재미있는 이야기들을 적극적으로 수집하여 수록하는 한편, 자신의 자작시를 덧붙임으로써 심미성을 배가하여 예술적 서사물의 특성을 갖게 만들었다.

3. 지식을 넘어 지성으로

『송남잡지』와 같은 사찬 유서는 관찬 유서나 다수 편찬자의 공저와

---

26)『松南雜識』〈花藥類〉, "余詩有云: "飽喫三冬雪, 數枝依古查, 春風紅綠裏, 吐出白爲花.""

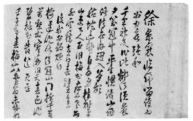

홍직필 글씨(국립중앙박물관 소장)   김종정 간찰(원주역사박물관 소장)

달리 자신의 의식을 자유롭게 적용하고 투사할 수 있다. 현재의 사전이 추구하는 사상(事象)에 대한 객관적 정보의 제공은 사찬 유서에서는 꺼리는 것이다. 오히려 사상에 대한 편찬자 특유의 관점과 의식이 토대하여야만 생명력을 갖게 된다.

조선의 유서가 지식의 단순한 기록을 지양하였던 근저는 조선의 지식인들이 단순한 박람강기(博覽强記)를 경계하고 참된 자각을 중시하였던데 있다. 예를 들면, 김종정(金鍾正, 1722~1787)은 "박람강기하다고 일컬어지는 사람들이란 대부분 사상(事象)을 많이 기억할 뿐 그 이치에는 어둡기에 완물상지(玩物喪志)로 귀착됨을 면치 못한다."고 비판하였으며,[27] 홍직필(洪直弼, 1776~1852)은 "당시의 박람강기는 고작해야 전언왕행(前言往行)을 많이 아는 것이니 서사(書肆)에 불과하다."고 비판하였다.[28]

박람강기를 천시하는 관점은 대체로 홍직필과 같이 심학(心學)을 중

---

27) 金鍾正, 『雲溪漫稿』〈雜著, 策問〉, "間或稱以博覽强記者, 亦多記其事而昧其理, 不免爲玩物喪志之歸, 甚或獵取菁華, 尋摘章句, 以應博士掌故之問, 此豈先生辛苦著書之意?"

28) 洪直弼, 『梅山集』「答朴伯如始愚」, "今之所謂博覽强記, 多識前言往行者, 咸書肆也, 干我身心甚事."

시하는 논리에 기반하지만, 김종정 등은 사상의 본질에 대한 파악이 중요함을 역설하였으니, 이는 사회와 역사의 법칙성에 대한 의식을 지녀야 한다는 지식인의 사명감과 맥락을 같이 한다. 이와 같은 의식은 한말의 김윤식(金允植, 1835~1922)이 "제왕(帝王)의 학문은 박람강기에 있지 않고 국가의 대체(大體)를 깊이 밝히는 데 있다."[29]고 주장한 것과 같은 논리로 발전하였다.

조재삼의 본질에 대한 통찰력과 사회에 대한 비판 의식이 반영된 자작시가 개입된 항목은 주로 풍속과 식물, 동물 관련 항목이다. 먼저 풍속 관련 항목을 보도록 한다.

더위팔기(賣暑)

오나라 풍속에 섣달 그믐날 아이들이 거리를 돌아다니며 "네게 어리석음 팔았다, 네게 우매함 팔았다."고 소리친다. 오나라 사람들은 많이 어리석었기 때문에 자신들에게 남아도는 것을 팔려고 한 것이다. 범성대(范成大)의 시에

아이 말하길 "노인이 사겠다면 돈은 필요 없어요	兒云翁買不須錢
외상으로 어리석음 판 것 천백 년이랍니다"	奉賒癡獃千百年[30]

---

29) 金允植, 『雲養集』「與末松青萍謙澄書」, "竊念帝王之學, 不在於尋章摘句, 又不在於博覽强記, 惟深明爲國之大體, 以民爲重, 如覆幬之無私而已, 此在師保蒭蕘之功, 擧國臣民所以顒望於閤下者也."

30) 范成大, 『石湖居士詩集』「賣癡獃詞」.

라는 구절이 있다.[31] 지금의 더위팔기도 그러한 뜻이리라. 내가 지은 시에

속을까봐 아침에 일어나 말하지 않으니	朝起無言恐見欺
아는 이 만나도 모르는 사람 대하 듯	相逢便若不相知
허다한 어리석음이 더위보다 많건만	許多癡了多於暑
더위 파는 사람들 왜 어리석음 팔지 않나	賣暑人人詎賣癡

라고 하였다.[32]

우리나라의 '더위팔기'는 정월 대보름의 풍속인데 그 유래로 제시한 글에서는 중국 오나라의 제야(除夜)에 행해지던 '어리석음팔기' 풍속에서 비롯되었다고 설명한 뒤에, 남송의 시인 범성대의 시 한 구절을 소개하고 이어서 자신의 시 한 수를 덧붙이며 글을 마무리 하였다. 조재삼의 자작시 전 2구는 간략하지만 우리나라의 더위팔기 풍속의 특징적 면모의 묘사에 해당하고 후 2구는 그것으로부터 촉발된 사회에 대한 평론에 해당한다. 사람들은 남에게 더위를 떠넘기고 자기만 더위로부터 무사하기를 바란다. 그런데 조재삼은 정작 더위보다 더 심각한 것은 어리석음이라고 생각하였다. 조재삼의 시는 더위팔기 풍속을 묘사하는 한편, 더위는 두려워하면서도 어리석

---

31) 『송남잡지』는 다음의 글을 참조한 것으로 보인다. 『韻府群玉』 「賣癡」, "吳俗, 分歲罷, 小兒繞街呼叫云: "賣汝癡, 賣汝獃." 吳人多獃, 故欲賣其餘. ○范至能詩, "兒云翁買不須錢, 奉晪癡獃三百年.""

32) 『松南雜識』〈歲時類〉, "吳俗, 分歲罷, 小兒繞街呼叫云: "賣汝癡, 賣汝獃." 吳人多獃, 故欲賣其餘. 范至能詩云: "翁買不須錢, 奉晪賣獃三百年." 今賣暑亦其意耶. 余詩有云: "朝起無言恐見欺, 相逢便若不相知, 許多癡了多於暑, 賣暑人人詎賣癡.""

음을 두려워하지 않는 사회에 경종을 울리고자 하는 비판 의식이 선명하다.

다음으로 조재삼의 비판 의식을 기반으로 하는 자작시가 개입된 식물, 동물 관련 항목을 보도록 하겠다.

「정당매(政堂梅)」

강회백(姜淮伯)이 젊은 시절 단속사(斷俗寺)에서 독서를 할 때, 뜰에 매화를 심으니, '정당매(政堂梅)'라고 한다. 그는 시에서

바로 은나라 솥에 국을 조미하던 열매가　直將殷鼎調羹實

부질없이 산중에 떨어지고 또 피는구나　謾向山中落又開

라고 하였는데, 남명(南冥) 조식(曺植)이 화운하여

조물주가 필시 한매(寒梅)의 일을 그르쳐서　化工定誤寒梅事

어제도 꽃이 피고 오늘도 꽃 피었네　昨日開花今日花

라고 하니, 대개 그가 절개 잃은 것을 기롱한 것이다. 나의 시에

소나무 대나무만이 푸를 뿐이니　松竹靑而已

엄동설한에 어떻게 꽃을 피울까　雪冬豈花哉

라고 하였다.[33]

---

33) 『松南雜識』〈花藥類〉, "姜淮伯, 少時讀書斷俗寺, 種梅扵庭, 謂政堂梅. 詩云: "直將殷鼎調羹實,

남명 선생 문집(국립중앙박물관 소장)

정당매(政堂梅)는 우리나라에서 가장 오래된 매화로 알려져 있으며 아직도 경상남도 산청의 단속사 터에 있다. 「정당매」에서는 강회백이 단속사에서 독서할 때 매화를 심었기에 '정당매'라는 이름을 붙였다는 최소한의 정보만을 기술한 뒤, 강회백이 그 매화를 두고 지었다고 하는 시 한 연과 조식의 화운시 한 연을 나란히 소개하였다. 강회백이 "바로 은나라 솥에 국맛을 조미하던 열매가 부질없이 산중에 떨어지고 또 피는구나."라고 노래한 시구는 은나라 무정(武丁)이 부열(傅說)에게 "너는 짐의 뜻을 가르쳐 만약 술과 단술을 만들거든 네가 누룩과 엿기름이 되며 만약 간을 맞춘 국을 만들거든 네가 소금과 매실이 되어야 한다."[34]라고 한 고사를 빌어 부열과 같이 출세하여 세상에서 능력을 펼쳐야 하건만 산속에서 부질없이 세월을 보내고 있다고 넌지시 자신의 뜻을 드러낸 것이다. 『연려실기술』과 『해동잡록(海東雜錄)』에서도 『양화록(養花錄)』의 말을 인용하여 강회백의 시를 '시참(詩讖)'이라고 한 바 있다.[35]

謾向山中落又開." 南冥和云: "化工定誤寒梅事, 昨日開花今日花."

34) 『書經』〈商書〉「說命」, "爾惟訓于朕志, 若作酒醴, 爾惟麴糵, 若作和羹, 爾惟鹽梅. 爾交修予, 罔予棄, 予惟克邁乃訓."

35) 李肯翊, 『燃藜室記述』〈太祖朝名臣〉「姜淮伯」, "○嘗讀書斷俗寺, 手植梅一株於庭前, 仍題一絶云: "一氣循環往復來, 天心可見臘前梅, 直將股鼎調羹實, 謾向山中落又開." 公仕麗朝, 至政堂

이와 같은 강회백의 시와 정몽주가 살해된 뒤 진양(晉陽)에 유배되었다가 조선 건국 후 동북면도순문사가 되는 등의 행적을 본 조식은 "조물주가 필시 한매(寒梅)의 일을 그르쳐서 어제도 꽃이 피고 오늘도 꽃 피었네."라고 그를 조롱하였다. 그러나 이를 두고 조재삼은 소나무 대나무만이 푸를 뿐이고 매화는 겨울에 꽃이 피지 않는다는 내용의 시를 뒤에 붙임으로써 조식의 기롱시를 비판하였다.

이 이야기는 『청강선생시화(清江先生詩話)』에도 전하는 것으로 시화(詩話)의 성격이 강하다.[36] 비록 시화적 내용에 큰 관심과 비중을 두었으나, 식물의 생물적 특성에 대한 지식을 기반으로 해야 한다는 조재삼의 의식이 표면으로 드러나 있으면서, 역사적 전환기의 처세에 대한 평가의 시각과 의식을 보여준 것이라고 할 수 있다. 계절의 변화와 관계없이 늘 푸른 소나무 대나무와 같이 절개 있는 사람은 흔치 않기에 누구에게나 절개를 지켜야 한다고 쉽게 말해서는 안된다는 것이다. 또한 개국 왕조에서 능력을 실현하여 역사 발전에 일조한 인물을 조롱하는 것이 올바른 인물평이 될 수 없다는 견해이다.

조재삼의 사회에 대한 비판 의식은 동물 관련 항목의 자작시에서 더욱더 선명하게 드러난다.

文學, 調齊之事實多, 時人謂之詩識(養花錄)"權鼈, 『海東雜錄』〈本朝 二〉「姜淮伯」, "○通亭少時讀書斷俗寺, 種梅一株於庭前, 仍題一絶云: "一氣循環往復來, 天心可見臘前梅, 直將殷鼎調羹實, 謾向山中落又開." 公登第, 歷仕政堂文學, 在朝調和齊之事實多, 時人謂之詩識(養花錄)"

36) 李濟臣, 『清江先生詩話』, "智異山【斷俗寺】, 寺有政堂梅, 世傳姜通亭所植, 曺南溟詩, "寺破僧嬴山石古, 先生自是未堪家, 化工定誤寒梅事, 昨日開花今日花," 蓋譏其失節也."

반딧불이(螢㸌)

운서(韻書)에서 "반딧불이의 다른 이름은 야광(夜光)·조휘야(照暉夜)·소족(宵燭)·습요(熠燿)·단량(丹良)이라고도 한다."[37]라고 하였다. 당시(唐詩)에서 "풀 끝의 한 점 단량(丹良) 색이네.(草頭一點丹良色.)"[38]라고 하였다. 「월령(月令)」에서 "썩은 풀이 반디가 된다."[39]라고 하였고, 또 "단조(丹鳥)는 모기를 먹는다."[40]라고 하였다. 또 '린(燐)'이라고도 하니, 『역약례(易畧例)』에서 "마치 반딧불이가 태양보다 밝은 것과 같다."[41]라고 하였다. 또 '명소(明炤)'의 주석에서 "대화성(大火星)이 뜨는 전후로 나타나니 이것은 대화성의 기운을 받아서 화(化)한다."라고 하였다.[42] 나의 시에서

별처럼 날아가도 분야와 궤도가 없고	星走非分躔
불꽃처럼 번득여도 연기 보이지 않네	焱翻不見烟
스스로 빛을 내어 사물을 비추며	自明仍照物
혼탁한 세상을 이리저리 날아다니네	濁世也翩翩

라고 하였다.[43]

---

37) 『韻府群玉』「螢」, "螢, 一名夜光, 卽照暉夜·丹良·丹鳥·宵燭·熠燿."

38) 岑參, 「衛節度赤驃馬歌」, "草頭一點疾如飛."

39) 『禮記注疏』「月令」, "腐草爲螢."

40) 『禮記注疏』「月令」, "丹鳥羞白鳥."

41) 『周易注疏』「周易略例序」, "易道庶幾有裨於敎義, 亦猶螢燐, 增輝於太陽."

42) 『韻府群玉』「螢」, "亦曰燐. 易畧例云: "猶螢燐, 增耀於太陽, 大火前後飛出, 是得大火之氣而化, 故明炤.""

43) 『松南雜識』〈蟲獸類〉, "韻書曰: "夜光, 卽照暉夜·宵燭·熠燿·丹良." 唐詩, "草頭一點丹良色.""

「형작(螢爝)」에서는 반딧불이의 이명(異名) 소개에 주력하였으니, 무려 8개의 이명이 제시되어 있다. '운서(韻書)'로 범칭한 『운부군옥(韻府群玉)』에서 야광(夜光)·조휘야(照暉夜)·소촉(宵燭)·습요(熠燿)·단량(丹良), 『예기』〈월령〉에서 단조(丹鳥), 『역약례(易畧例)』에서 '린(燐)', 출전을 밝히지 않은 문헌에서 '명소(明炤)'라는 이명을 인용하였다.

현재의 국어사전에도 반딧불이의 유의어로 "개똥벌레·단조(丹鳥)·반디·반딧벌레·반딧불."을 나열하고 있으니, 유의어나 이명의 제시는 사전의 내용 구성에 필수적인 요소라고 할 수 있다. 다만, 국어사전에서 나열한 유의어와 『송남잡지』에서 나열한 이명을 비교해 보면 차원이 크게 다르다는 것을 알 수 있다. 그리고 반딧불이는 썩은 풀이 변해서 된다거나 대화성의 기운을 받아서 화한다는 중세적 생물 발생론, 반딧불이가 모기를 잡아먹는다는 생물적 특성 등을 다채롭게 소개하였다. 마지막으로 4구의 자작시로 끝을 맺었는데, 그 내용이 재치 있을 뿐 아니라 사회에 대한 비판 의식이 돋보인다. 전 2구에서는 반디가 별이나 불꽃처럼 빛나는 모습을 노래하였고 후 2구에서는 스스로 빛을 내어 사물을 비추고 혼탁한 세상을 부지런히 날아다니는 존재라고 찬양하였으니, 반딧불이와 같이 혼탁한 세상을 비추어 줄 수 있는 존재를 염원하였다고 하겠다.

다음의 「탁목(啄木)」은 부조리한 사회를 비판하는 의식이 투사된 자작시가 여러 가지 흥미로운 정보와 조화롭게 구성되어 있다.

月令, 腐草爲蠋. 又丹鳥羞白鳥. 又燐. 易畧例云: "猶螢燐, 增輝於太陽." 又明炤, 註, "大火前後出, 是得大火之氣而化." 余詩云: "星走非分躔, 燄翻不見烟, 自明仍照物, 濁世也扁翩."

딱따구리(啄木)

운서에서 "딱따구리가 열(鴷)이다. 『고금이전(古今異傳)』에서 '딱따구리는 본
래 뇌공(雷公)의 약초 캐는 관리인데, 이 새로 변하였다.'라고 했다."44)라고 하였다.
『이물지(異物志)』에서 "갈색인 놈이 암컷이고 얼룩무늬가 있는 놈이 수컷이다."라
고 하였다. 또 산착목(山斲木)·화로아(火老鴉)라고도 한다.45) 왕우칭(王禹偁)의 시
에서

회남(淮南)의 착목(斲木)은 크기가 까마귀만 하고	淮南斲木大如鴉
정수리엔 선학(仙鶴)처럼 단사(丹砂)가 붙었네	頂似仙鶴堆丹砂46)

라고 한 말이 이것이다. 『비아(埤雅)』에서 "열(鴷)은 금법(禁法)을 잘 하니, 발톱을
구부려 땅에 금을 그어 도장을 만들면 막혔던 구멍이 절로 열린다. 날아갈 때는 날
개로 그것을 덮어버린다."라고 하였다.47) 구양수(歐陽修)의 부(賦)에서

장인 좀벌레의 피해는 심각하지만	工蠹則大兮
좀벌레의 피해는 별 것 아니라네	虫蠹則小
딱따구리를 다 죽이는 것보다는	與其啄木能盡死

---

44) 『韻府群玉』, 「槁木」, "啄木, 烏禽名. 爾雅云: '鴷也.'" "本雷公採藥吏, 化爲此烏." 古今異傳."

45) 『康熙字典』, 「鴷」, "異物志, 此烏有大有小, 有褐有斑, 褐者雌, 斑者雄, 又山中有一種青黑色, 頭
上有紅毛, 土人呼山斲木, 亦名火老鴉."

46) 王禹偁, 『小畜集』, 「啄木歌」, "淮南啄木大如鴉, 頂似偓鶴堆丹砂."

47) 陸佃, 『埤雅』, 「斲木」, "俗言, 此烏善爲禁法, 能曲爪畫地爲印, 則穴之塞自開, 飛輒以翼堲之." →
『康熙字典』, 「鴷」, "鴷, 善爲禁法, 能曲爪畫地爲印, 則穴之塞自開, 飛卽以翼堲之."

| 차라리 딱따구리를 얻어 | 不如得啄匠手 |
| 도끼에 손상되지 않도록 하는 게 낫네 | 使不傷於斧斤[48] |

라고 하였다. 우리나라 시에

딱따구리야, 나무 찍기를 그만두어라	啄木休啄木
고목에 겨우 밑둥치만 남아 있잖니	古木餘半腹
혹여 비바람이 몰아치는 밤에	或恐風雨夜
나무 꺾여 네 집 없어질까 걱정이다	木摧爾無屋

라고 하였다. 나의 시에 또

딱따구리란 이름의 새가 있으니	有鳥名啄木
온 나무의 벌레를 쪼아 먹는다	啄啄萬木蠹
네가 쪼는 것은 나무뿐이지만	爾啄祇在木
이 백성들의 벌레를 어이할꼬	奈此爲民蠹

라고 하였다.[49]

---

48) 歐陽修, 『文忠集』「啄木辭」, "工蠹則大兮, 蟲蠹則小, 捕小縱大兮, 將何謂? 皇惜木兮, 雖甚恩, 蠹利食兮, 啄徒勤, 蠹未入口兮, 刃至其根, 與其啄蠹能盡死, 不如得啄匠手, 使不堪於斧斤."

49) 『松南雜識』〈蟲魚類〉, "韻書曰: "啄木, 鴷也." 古今異傳曰: "本雷公採藥吏, 化爲此鳥." 異物志曰: "褐者雌, 斑者雄." 又名山斲木, 又火老鴉. 王元之詩, "淮南斲木大如鴉, 頂似仙鶴堆丹砂." 是也. 埤雅曰: "鴷, 善爲禁法, 能曲爪畫地爲印, 則穴之塞自開, 飛翅以翼塲之." 歐賦云: "工蠹則大兮, 虫蠹則小, 與其啄蠹能盡死, 不如得啄匠兮, 使不傷於斧斤." 東詩有云: "啄木休啄木, 古木餘半腹, 或恐

「탁목」에서는 딱따구리의 이명과 성상, 딱따구리와 관련된 전설, 딱따구리를 소재로 삼은 중국의 시와 우리나라 민간의 노래를 소개하고 끝에 자신의 시를 덧붙였다. 운서와 자전에서 탁목(啄木)·열(鴷)·산착목(山斲木)·화로아(火老鴉)라는 4개의 딱따구리 이명을 찾아 소개하였고 『이물지』에서 암놈과 수놈을 구별할 수 있는 특징을 인용하였다. 그리고 딱따구리를 소재로 한 왕우칭(王禹偁)의 「탁목가(啄木歌)」를 인용함으로써 딱따구리의 외형에 대한 직접 기술을 대체하였다.

『비아(埤雅)』에서는 딱따구리와 관련된 민간의 금법(禁法)을 소개하였다. 딱따구리와 관련된 전설적·생물적·문학적·사실적·주술적 이야기를 망라하기 위해 노력하였다고 할 수 있다. 끝으로 시각이 다른 시 3수를 소개하고 있다. 하나는 구양수의 「탁목부(啄木賦)」인데, 나무에 피해를 입히는 것으로 치면 나무를 베어 죽이는 장인(匠人)이 막대하고 그에 비한다면 좀벌레는 사소하다고 하였다. 그렇기 때문에 딱따구리로 하여금 좀벌레를 잡아먹도록 하는 것이 도끼로 나무를 베어버리게 하는 것보다 낫다고 하였다. 이어서 소개한 우리나라의 시는 딱따구리가 미련하게 자신이 사는 나무를 쪼아대다가 비바람에 약해진 둥치가 부러져 제 집을 잃고 말 것이라고 경계하는 민간의 노래를 한역한 것으로 눈앞의 이익에 눈이 멀어 미구에 닥칠 재앙을 헤아리지 못하는 인간의 어리석음을 경계하고 있다.

마지막으로 소개한 자신의 시는 자못 심각하다. 그는 "딱따구리가 나무를 해치는 벌레를 쪼아 제거해주는데 백성을 괴롭히는 좀벌레는 어찌

風雨夜, 木摧爾無屋." 余詩亦云: "有鳥名啄木, 啄啄萬木蠹, 爾啄秖在木, 奈此爲民蠹.'"

할 것인가?"라고 탄식하였다. 조재삼은 자신의 시를 가렴주구하는 사회와 백성의 적을 공격하는 수단으로 삼고 있음을 알 수 있다.

이는 조재삼이 『송남잡지』「자서」에서 이 책의 편찬 목적은 '태평의 기록'이라고 밝힌 것에서 알 수 있듯이, 태평한 사회를 만들기 위해서는 사회의 부조리를 비판적 시각으로 고발하고 기록으로 제공하여야 한다는 의식의 표출이라고 할 수 있다.

4. 맺음말

『송남잡지』는 조재삼이 아들을 교육할 목적으로 만들었기 때문에 형식적 요소에 크게 얽매이지 않은 사찬 유서이다. 그러나 조재삼은 분명히 조선 시대의 끝자락에서 기록으로 남길 만한 가치가 있는 지식을 정연히 정리 집적하려는 편찬 의도를 갖고있었을 뿐만 아니라 중국과 조선 유서의 형식도 충분히 염두에 두었다. 그러나 기존 유서의 형식에 구속될 이유가 없는 사찬 저작이기에 자유로운 구성이 가능하였다. 이는 형식의 통일성을 유지하지 못하였다는 단점이 될 수도 있겠으나, 오늘날 종이 사전이 무용지물로 전락한 이유를 돌아보게 하고 사전이 나아갈 길을 생각하게 하는 자료가 될 수도 있겠다.

사전은 검색의 공구이지 독서물이 아니기 때문에 웹 기반으로 서비스되는 인터넷 사전과 경쟁할 수 없다. 그러나 조선의 사찬 유서는 검색 기능을 갖춘 교양 독서물이었다. 따라서 다채로운 내용들로 구성하기 위해 노력하였고 문학적 요소를 다분히 개입시켰다. 또 개인 저작이었기에 자

강희자전
(대전광역시립박물관 소장)

운부군옥
(소수박물관 소장)

신의 경험을 개입시킬 수 있었는데, 그 중에서도 자작시는 중요한 역할을 한다. 조재삼은 자작시로 독자의 심미적 정서를 활성화하는 동시에 서술의 단조로움을 탈피하였다. 그리고 그것에서 한 걸음 더 나아가 인간과 사회에 대한 비판 의식을 투영함으로써 유서에 생명을 불어넣었다.

『송남잡지』에 문학적 요소가 다분히 개입된 주요 원인으로는『강희자전(康熙字典)』[50]과『운부군옥(韻府群玉)』[51]의 영향을 꼽을 수 있다. 『강희

---

50) 『康熙字典』은 전체 42권으로 강희제의 칙명에 의해 陳廷敬·張玉書 등 30명의 학자가 5년 만인 강희 55년(1716)에 완성하였다.『강희자전』은『字彙』·『正字通』등의 구성을 참고하였으며 십이지의 순서에 의거해 12集으로 나누고 119部로 세분하였다.『靑莊館全書』「中國書來東國」,『林下筆記』「文獻指掌編」의 기록에 의하면『강희자전』은 영조 5년(1727)에 우리나라로 유입되었다고 한다.

51) 『韻府群玉』은 전체 20권으로 송나라 말기에 陰時夫가 편집하고 그의 형 陰中夫가 編註하여 원나라 순제 원통 2년(1334)에 완성한 운서이다. 전체를 宮·商·角·徵·羽로 분류하고 관련 고사와 문장을 각 운의 아래에 첨기하였다. 세종 18년(1436)에『운부군옥』에 대한 印刊令이 있었던 것으로 보아 최소한 이때 이전에 조선에 유입된 것으로 추측된다.

자전』과 『운부군옥』은 표제어가 사용된 예시문의 제공에 치력한 자전과 운서이다. 그런데 『송남잡지』에서 인용한 문헌 중 상당수는 『강희자전』과 『운부군옥』에서 재인용된 사실로 비추어 볼 때, 『송남잡지』는 이들 문헌에 영향을 받았다고 할 수 있다. 다만, 『송남잡지』는 독창성을 담보하기 위하여 그것들을 최대한 가공하였으며, 유서 본연의 기능을 유지하기 위하여 시문의 인용에 있어서도 절제된 태도를 유지하였다.

〈참고문헌〉

歐陽脩(宋),『文忠集』

陸佃(宋),『埤雅』

范成大(宋),『石湖居士詩集』

王禹偁(宋),『小畜集』

陰時夫(宋),『韻府群玉』

張玉書 等(淸),『康熙字典』

權鼈(朝鮮),『海東雜錄』, 한국고전번역원.

金允植(朝鮮),『雲養集』, 한국고전번역원.

金鍾正(朝鮮),『雲溪漫稿』, 한국고전번역원.

金昌協(朝鮮),『農巖集』, 한국고전번역원.

申光洙(朝鮮),『石北集』, 한국고전번역원.

俞漢雋(朝鮮),『自著』, 한국고전번역원.

李肯翊(朝鮮),『燃藜室記述』, 한국고전번역원.

李圭景(朝鮮),『五洲衍文長箋散稿』, 한국고전번역원.

李晬光(朝鮮),『芝峯類說』, 한국국립중앙도서관.

李濟臣(朝鮮),『淸江先生詩話』, 한국고전번역원.

李裕元(朝鮮),『嘉梧藁略』, 한국고전번역원.

李德懋(朝鮮),『靑莊館全書』, 한국고전번역원.

李荇 等(朝鮮),『新增東國輿地勝覽』, 한국고전번역원.

一然(高麗),『校勘 三國遺事』, 한국고전번역원.

趙在三(朝鮮),『松南雜識』, 東西文化院.

洪直弼(朝鮮),『梅山集』, 한국고전번역원.

姜玟求, 2016,『조선 3대 유서의 형성과 특성』, 보고사.

조선후기 유서와 지식의 계보학

초판 인쇄　2019년 9월 20일
초판 발행　2019년 9월 30일

펴 낸 이　경기문화재단 실학박물관
기　　획　경기문화재단 실학박물관
　　　　　12283 경기도 남양주시 조안면 다산로 747번길 16
　　　　　전화 031-579-6000-1　　　　http://www.silhakmuseum.or.kr

발 행 인　한정희
발 행 처　경인문화사
편 집 부　유지혜 김지선 박지현 한명진 한주연
마 케 팅　전병관 유인순 하재일
출판번호　제406-1973-000003호
주　　소　경기도 파주시 회동길 445 - 1 경인빌딩 B동 4층
대표전화　031 - 955 - 9300
팩　　스　031 - 955 - 9310
홈페이지　www.kyunginp.co.kr
이 메 일　kyungin@kyunginp.co.kr

ISBN 978-89-499-4840-9 93910
값 18,000원

ⓒ 경기문화재단 실학박물관, 2019

※ 책값은 뒤표지에 있습니다. 잘못된 책은 구입처에서 교환해 드립니다.